勋章

XUNZHANG

姜廷玉　编著

CNS | 湖南人民出版社 · 长沙

图书在版编目（CIP）数据

勋章/姜廷玉编著. — 长沙：湖南人民出版社，2022.8（2023.6）
ISBN 978-7-5561-2915-7

I. ①勋… II. ①姜… III. ①中国共产党—勋章—史料—1931-2021 ②中国共产党—奖章—史料—1931-2021 ③中国共产党—纪念章—史料—1931-2021 IV. ①D23

中国版本图书馆CIP数据核字（2022）第070083号

XUNZHANG
勋章

编　　著　姜廷玉
责任编辑　吴向红　刘丽梅　何　萌
装帧设计　杨发凯　宋　娟
责任印制　肖　晖
责任校对　陈卫平

出版发行　湖南人民出版社［http://www.hnppp.com］
地　　址　长沙市营盘东路3号
邮　　编　410005
经　　销　湖南省新华书店

印　　刷　长沙市雅高彩印有限公司
版　　次　2022年8月第1版
印　　次　2023年6月第3次印刷
开　　本　710 mm×1000 mm　1/16
印　　张　12
字　　数　130千字
书　　号　ISBN 978-7-5561-2915-7
定　　价　48.00元

营销电话：0731-82221529（如发现印装质量问题请与出版社调换）

红色勋章从这里开始……

前言

勋章，是国家授予有功人员的最高荣誉证章。

中国共产党领导的红色政权颁发勋章，始于土地革命战争时期。1931 年 11 月中华苏维埃第一次全国代表大会颁发的红旗勋章，是中华苏维埃共和国对红军的最高奖赏，也是我党我军历史上的第一枚勋章。

新中国成立后，1955 年，国家为革命战争时期的有功人员颁发八一勋章、独立自由勋章和解放勋章，这是祖国和人民给予英雄儿女的崇高荣誉和奖赏。1988 年，经全国人大常委会批准，中央军委为军队离休干部授予一、二级红星功勋荣誉章和独立功勋荣誉章、胜利功勋荣誉章，这是对新中国成立前参加革命队伍的人民功臣的一次集中表彰。

在中国特色社会主义新时代，党和国家分别设立了共和国勋章、七一勋章、友谊勋章，军队设立了八一勋章、红旗勋章、红星勋章等荣誉勋章，以表彰为党、国家、军队作出突出贡献的杰出人员。其中，“共和国勋章”是国家最高荣誉勋章，“七一勋章”是党内最高荣誉勋章，“八一勋章”是军队最高荣誉勋章，“友谊勋章”是国家对外最高荣誉勋章。

从 1931 年 11 月中华苏维埃共和国临时中央政府颁发第一枚红旗勋章，至今已有 90 多年的历史，党、政府和军队已形成一套完整的包括勋章在内的功勋荣誉表彰体系。为了全面反映中国共产党领导下的功勋荣誉表彰体系，展现红色勋章的光辉历史，我们编写了《勋章》一书，以增强对红色勋章的永久记忆，弘扬勋章获得者的革命和建设精神，不忘初心，赓续红色血脉，奋进新征程，建功新时代。

本书特点之一，是内容具有全面性和完整性。全书从土地革命战争时期的红旗勋章，到新中国成立初期的八一勋章、独立自由勋章、解放勋章，从改革开放时期的红星功勋荣誉章、独立功勋荣誉章、胜利功勋荣誉章，到社会主义新时代的共和国勋章、七一勋章、友谊勋章和八一勋章、红旗勋章、红星勋章、和平勋章，全面展现了红色勋章 90 多年的历史。

本书特点之二，是全方位、多视角地反映勋章的历史。本书不仅介绍了勋章的历史背景、授予条件和颁发情况，还讲述了勋章获得者的光荣事迹；不仅展现了勋章图案的元素、内涵、质地等，还提到了勋章设计者与制作者的创作思想，从而使读者能全方位、多视角地了解红色勋章的历史与现状。

本书特点之三，是见物见人见精神。勋章虽是物质载体，但本书不仅反映勋章的物质元素，更注意发掘勋章的精神内涵，注意展现勋章获得者的生动事迹和精神风貌，尽量做到见物见人，通过勋章折射出人的精神。

本书特点之四，是图文并茂，可信可读。全书共分为4章，10多万字，编配各种图片100余幅，编排形象生动，反映了党、国家和军队功勋荣誉表彰体系的创新发展，是一部开展党史、军史学习和革命传统教育的有益著作。

感谢湖南人民出版社对本书出版给予的大力支持，特别是吴向红副编审、何萌编辑为本书出版付出的辛勤劳动。同时感谢勋章设计师们给予的帮助。

由于本人学识水平和掌握的史料有限，书中难免有错误和不足之处，望有关专家学者和广大读者给予指正。

姜廷玉

2022年夏于北京

目录

中华苏维埃共和国功勋奖章

★★★★★

共和国大授勋

★★★★★

中国人民解放军
功勋荣誉章

★★★★★

“五章一簿”功勋荣誉 ★★★★★

XUN ZHANG

中华苏维埃共和国功勋奖章

1931 年 11 月，中华苏维埃第一次全国代表大会在江西瑞金召开。大会决定设立最高荣誉勋章——红旗勋章，以嘉奖为苏维埃政权英勇奋斗作出突出贡献的红军指战员。

勋章的诞生

随着全国各地苏维埃政权的建立和工农红军的发展壮大，1931 年 11 月 7 日至 20 日，中华苏维埃第一次全国代表大会在江西瑞金召开。出席会议的有来自中央苏区和闽西、湘鄂赣、湘赣、湘鄂西、赣东北、琼崖等苏区的代表，红一、红三军团，红二、红六、红十六军及各独立师的代表，全国总工会、全国海员总工会代表，到会代表总共 610 人。

大会选举产生了中华苏维埃共和国临时中央政府执行委员会，毛泽东、周恩来、刘少奇、朱德、瞿秋白、任弼时、方志

中华苏维埃共和国临时中央政府旧址

中华苏维埃第一次全国代表大会主席团在红军阅兵广场举行授旗、颁奖典礼

敏、项英、贺龙、王稼祥、彭德怀、邓子恢、张鼎丞、张国焘等63人当选为委员。中华苏维埃共和国临时中央政府执行委员会第一次会议选举毛泽东为临时中央政府执行委员会主席，项英、张国焘为副主席。

根据中华苏维埃第一次全国代表大会决议和中华苏维埃共和国临时中央政府执行委员会命令，成立中华苏维埃共和国中央革命军事委员会（简称“中革军委”），负责领导全国红军的作战和建设。朱德任中革军委主席，王稼祥、彭德怀任副主席；中革军委下辖总参谋部、总政治部和总经理部。

大会最重要的一项议程，是决定设立最高荣誉奖章——红旗勋章（又称为“苏维埃功勋奖章”），以嘉奖为苏维埃政权英勇奋斗而作出突出贡献的红军指战员。毛泽东、朱德、彭德怀、方志敏、徐向前等红军的主要领导人成为这一荣誉的首批获得者。

会议期间，大会主席团在红军阅兵广场举行授旗、颁奖典礼，当场授予毛泽东、朱德、彭德怀红旗勋章。但由于当时战事紧张，各苏区之间的联系又非常困难，方志敏、徐向前等受勋者没能及时领到这枚珍贵的勋章。

1932年12月，中华苏维埃共和国临时中央政府授予宁都起义领导者董振堂、赵博生红旗勋章。

勋章故事

一枚迟到 16 个月的勋章

中华苏维埃第一次全国代表大会召开时，方志敏正担任赣东北省（后改称“闽浙赣省”）苏维埃政府主席。因工作繁忙，他未能参加这次大会，但仍当选为中华苏维埃共和国临时中央政府执行委员、主席团成员，并被授予红旗勋章一枚。

1931 年 11 月 8 日，中华苏维埃共和国临时中央政府致信方志敏：

方志敏同志：

中华苏维埃第一次全国代表大会授你勋章一枚，并授红十军全体战士奖旗一面，以嘉奖为苏维埃政权而艰苦奋斗的英雄战士。

但因战事紧张，联络不便，方志敏收到临时中央政府的信和红旗勋章时，已经是时隔 16 个月后的 1933 年 3 月。

1933 年 3 月 18 日，闽浙赣省第二次工农兵代表大会在江西葛源召开。中华苏维埃共和国临时中央政府给闽浙赣省第二次工农兵代表大会发来贺电，并派出中央苏区代表参观团、中央红军参观团前来参加大会，委派刘畴西带来了中华苏维埃共和国临时中央政府授予方志敏的勋章和给红十军的奖旗。

3月23日，闽浙赣省第二次工农兵代表大会举行了隆重的授勋仪式。刘畴西在会上宣读了中华苏维埃共和国临时中央政府致方志敏的信，并将红旗勋章佩戴在方志敏胸前。

方志敏佩戴着红旗勋章，十分激动。与会代表们也异常兴奋，热烈鼓掌，许多代表激动得流出了晶莹的泪花。自土地革命以来的6年多时间里，方志敏和他的战友为开创闽浙赣苏区和建设新型人民军队，历经多少艰难曲折，倾注了多少汗水和心血啊！这枚勋章，他受之无愧！

但方志敏不自矜有功，而是将一切成绩都归功于党，归功于人民。

在授勋仪式上，他这样说道：

同志们，闽浙赣苏区九十万工农群众在共产党领导之下，坚决不动摇的斗争，结果推翻了豪绅地主资产阶级的国民党政权，建立了自己的政权——苏维埃政权，创造了很大一片的苏区。这一苏区，在全国苏维埃运动历史上有很重要的地位，目前已成为全国六大苏区之一，是中央苏区一个有力的右翼，而且已成为粉碎敌人大举进攻，争取更大胜利，以至全国胜利的一个有力的苏区。这一苏区的创造，很明显的是由于全省工农群众与全体红色战士艰苦奋斗与共产党坚强正确的领导，尤其是自一九三一年中央苏维埃政府成立后有力的领导结果。

全国苏维埃第一次代表大会授给我的勋章，不仅是奖励我个人，而且是奖励全省工农群众与红色战士的光荣斗争。我接受勋章以后，更加坚决地在中央政府领导之下，与帝国主义国民党及一切反革命派作坚决的斗争，在目前我更要尽我个人所有的力量，努力工作，尤其是对于这次大会决议要特别尽力执行，并号召广大工农群众一致武装起来，粉碎敌人的大举进攻，为建立苏维埃的新中国而斗争到底！[1]

① 1933 年 3 月 26 日《工农报》。

方志敏的话，表达了他对党、对毛泽东主持的中华苏维埃共和国临时中央政府深厚而真挚的感情，也表达了他为苏维埃、为共产主义奋斗到底的决心。

毛泽东在长征途中为徐向前授勋

徐向前的红旗勋章，是在 4 年后的 1935 年，于长征途中从毛泽东手里接过来的。

为了策应和迎接长征中的中央红军进入四川，1935 年 3 月，红四方面军总指挥徐向前指挥所部渡过嘉陵江，随后开始长征。

1935 年 5 月下旬，党中央率中央红军越过大渡河，经天全、芦山、宝兴一线走向川北。徐向前和红四方面军总部其他领导人即派红三十军政委李先念率一部兵力，翻越海拔 4000 米高的红桥山，进占懋功、达维，迎接中央红军北上。

6 月 12 日，徐向前代表红四方面军领导人亲笔起草了致毛泽东、周恩来、朱德等中央领导的信。他在信中介绍了川西北的敌我态势，并表示红四方面军以及川西北工农群众“正准备以十二分的热忱欢迎我百战百胜的中央西征军”。为确保万无一失，徐向前亲自交代警卫员带一个班的战士送去懋功，并嘱咐“一定把信送到毛主席手里”！

红四方面军先头部队与中央红军会师后，徐向前因忙于指挥作战，直到 7 月中旬，才在芦花见到了毛泽东、周恩来、朱德、张闻天、博古等领导人。

在藏民区一个简陋的房子里，徐向前第一次见到毛泽东。“向前同志，你辛苦了！”一见面，毛泽东便紧紧握住徐向前的手说。徐向前既高兴又有点拘谨：“毛主席，我很想见到你！”毛泽东说：“我也是一样啊！”

毛泽东代表中华苏维埃共和国临时中央政府把一枚红旗勋章授予徐向前，并说明这枚勋章是中华苏维埃共和国临时中央政府授予的，因为他没能出席中华苏维埃第一次全国代表大会，这枚勋章便一直由临时中央政府保存着。

毛泽东对徐向前在创建鄂豫皖和川陕苏区斗争中，指挥红四方面军作战屡建战功，给予了高度评价。他说：“你指挥的红四方面军这些年成绩很大，创造了两个大苏区，打了好多大胜仗！”

在长征途中授勋虽然没有在苏区那么隆重，但却有着特殊的意义。

徐向前十分激动。他后来在回忆录《历史的回顾》一书中写道：“这不是给我个人的荣誉，而是对英勇奋战的红四方面军全体指战员的高度评价和褒奖。”

董振堂、赵博生与红旗勋章

1931 年春，国民党第二十六路军被蒋介石调至江西参加对中央苏区的第二次“围剿”。九一八事变后，日本关东军一步步侵占了我国的东北三省。国民党第二十六路军官兵绝大多数是北方人，他们深感民族危机深重，一致要求停止与红军作战，返回北方去抗击日本侵略者。但他们的正义要求遭到了蒋介石的拒绝。出于防范，蒋介石还派重兵堵住了第二十六路军北上的道路。这引起了第二十六路军官兵的强烈不满。

在此情况下，中国共产党在第二十六路军秘密工作的特别支部（简称“中共第二十六路军特别支部”）因势利导，加紧开展兵运活动，先后发展了第二十六路军参谋长赵博生等近 20 名党员，并争取了该部第二十五师第七十三旅旅长董振堂、第七十四旅旅长季振同等转向革命。董振堂、季振同与赵博生一样，虽是国民党军队的高级军官，但有着热爱祖国的一腔热血，他们看到九一八事变后大片国土沦丧，对蒋介石的不抵抗政策强烈不满。

11 月底，中共第二十六路军特别支部在南昌的接头关系被国民党破坏，部分电文被查抄。蒋介石立即向第二十六路军发来“十万火急”的电报，严令查拿缉捕军中的共产党员。这份电报落在当时主持军务的赵博生手里。赵博生与中共第二十六路军特别支部成员紧急商讨应急办法，一面发出“遵令即办”的电报敷衍蒋介石，一面派人到中央苏区，向中革军委报告准备发动起义有关事宜。中革军委批准了起义计划，并派王稼祥、刘伯坚、左权到宁都城东南的固厚圩就近联络指导，同时部署部队策应起义。

12 月 14 日，赵博生、董振堂、季振同等按计划指派部队控制电台、指挥机构等要害部门和通往苏区的交通要道，加强城内及城郊的警戒。当晚，赵博生召集团长以上军官在总指挥部开会，说明形势和第二十六路军的处境及出路后，宣布起义加入红军。在他的带领下，全军 1.7 万余人携带武器 2 万余件参加起义。

15 日，赵博生、董振堂等带领起义部队开赴中央苏区，受到中革军委代表和苏区军民的热情接待。16 日，刘伯坚代表中革军委授予起义部队以中国工农红军第五军团的番号，任命季振同为军团总指挥，董振堂为副总指挥，赵博生为参谋长，部队分别编为第十三、第十四、第十五军。宁都起义，打击了蒋介石“攘外必先安内”的政策，增强了红军力量，对巩固和发展中央苏区起了重要作用。

为表彰宁都起义的领导者董振堂、赵博生，中革军委根据中华苏维埃共和国临时中央政府的决定，于 1932 年 12 月 4 日发布通令：

……给予领导宁暴的董振堂、赵博生两同志以全苏大会所制定的最荣誉的红旗章，给领导宁暴的各干部以革命书籍多种，给参加宁暴的五军团全体战士以其他的慰勉与奖励……

通令指出：

宁都暴动是中国苏维埃革命中一个最伟大的士兵暴动。它表示了在反帝国主义与土地革命的民族革命战争中，广大士兵群众的走向革命；表示了中国地主资产阶级的武装力量在目前革命日益发展情势下的更加崩溃与瓦解。同时，增加了一批强大的武装力量到革命方面来，成为红五军团，这是革命历史上的一个伟大的光荣的一页。①

① 1932 年 12 月 4 日《中革军委关于嘉奖宁都暴动干部战士的通令》，载于中共党史资料出版社 1984 年出版《中共党史资料》第 11 辑。

通令号召红军各部队“将宁暴的伟大革命意义联系到目前政治形势与我们的任务，作广大鼓动宣传，与奋起我全体红色战士为拥护苏维埃政权而战斗，为消灭白军与瓦解白军士兵而战斗的勇气，以粉碎敌人的大举进攻，以实现江西首先胜利”。

毛泽东也对宁都起义给予了高度评价。1935 年 12 月，他在

抗日战争时期，毛泽东（左三）、萧劲光（左一）、王稼祥（左二）与参加宁都起义的部分同志在延安合影

陕北瓦窑堡党的活动分子会议上作的报告《论反对日本帝国主义的策略》中，称赞“宁都起义的领导者赵博生、董振堂等人成了坚决革命的同志”。抗日战争时期，毛泽东在延安会见参加宁都起义的部分同志并与他们合影。在合影上，他写下了“以宁都起义的精神用于反对日本帝国主义，我们是战无不胜的”题词。

图说勋章

苏联红旗勋章

红旗勋章是苏俄颁发的第一枚勋章，根据全俄中央执行委员会 1918 年 9 月 16 日发布命令设立，授予直接参加战斗而表现特别英勇的俄罗斯联邦公民。1922 年，苏联成立。1924 年 8 月 1 日，中央执行委员会决议通过，正式设立苏联红旗勋章，保留了苏俄红旗勋章的样式，将下方的国名更改为苏联的缩写字母“CCCP”。在 1930 年前，红旗勋章是苏联唯一的军事勋章。

苏联红旗勋章呈椭圆形，图案为橡树叶环绕周边，白色珐琅为底，中间为红色五角星，五角星中央是月桂枝围着的金色镰刀锤子标志。五角星周围是锤子、犁、枪刺和火炬，上部的红旗上写着“全世界无产者联合起来”，下面的红色飘带上有“苏联”缩写字母。

中华苏维埃共和国临时中央政府颁发的红旗勋章，学习借鉴了苏联红旗勋章。

我党的红旗勋章虽外形与苏联红旗勋章不完全一致，但里面的红旗和红旗上的字基本一致，两枚勋章上都有党徽，象征着党的领导。苏联红旗勋章以锤子、犁、枪刺寓意工农兵，我党的红旗勋章以齿轮、麦穗、枪象征工农兵。

我党的红旗勋章基本形状为五角星与圆圈的重叠，中间为一面红旗，红旗上有党徽和“全世界无产阶级联合起来”几个大字，红旗的四周是由齿轮与麦穗组成的圆，圆中间有一支枪，寓意中华苏维埃共和国是中国共产党领导下的工农民主专政的国家，是工人、农民、红军战士及一切劳苦人民大众的政权。

受勋者档案

从目前掌握的档案资料看，1931 年 11 月中华苏维埃第一次全国代表大会授予毛泽东、朱德、彭德怀、方志敏、徐向前等红军的主要领导人红旗勋章，以表彰他们在革命战争中作出的突出贡献和功绩。

1932 年 12 月 4 日，中革军委根据中华苏维埃共和国临时中央政府的决定，发布通令：“给予领导宁暴的董振堂、赵博生两同志以全苏大会所制定的最荣誉的红旗章。”

毛泽东

时任中华苏维埃共和国临时中央政府主席

朱德

时任中华苏维埃共和国中央革命军事委员会主席

彭德怀

时任中华苏维埃共和国中央革命军事委员会副主席

方志敏

时任中华苏维埃共和国临时中央政府执行委员、主席团成员，赣东北省（后改称“闽浙赣省”）苏维埃政府主席

徐向前

时任西北革命军事委员会副主席、红四方面军总指挥

董振堂

宁都起义领导人

1895 年生，河北邢台新河人，1920 年入保定陆军军官学校学习，1926 年 9 月参加北伐战争，1931 年春参加对中央苏区发动的第二次“围剿”。1931 年 12 月 14 日，率兵举行震惊中外的宁都起义。1932 年 4 月加入中国共产党。宁都起义后任红五军团军团长，率部参加了中央革命根据地的反“围剿”作战和长征。长征胜利到达西北后，奉命率部西渡黄河，参加西路军作战。1937 年 1 月，在甘肃省高台县城与近十倍于己的国民党军激战九昼夜，壮烈牺牲。

赵博生

宁都起义领导人

1897年生，河北黄骅人。1917年毕业于保定陆军军官学校。1924年到1931年在冯玉祥部及国民革命军第二十六路军任职。1931年加入中国共产党。1931年12月领导宁都起义，后参加红军，任红五军团参谋长兼十四军军长。1933年1月8日率部在江西南城黄狮渡钳制三倍于己的国民党军，指挥作战时牺牲，时年36岁。为了纪念赵博生，宁都县曾被改名为博生县。

XUN ZHANG

共和国大授勋

1955 年 2 月，中华人民共和国第一届全国人大常委会讨论通过了《关于规定勋章奖章授予中国人民解放军在中国人民革命战争时期有功人员的决议》。决议规定，将八一勋章、独立自由勋章和解放勋章分别授予中国人民解放军在土地革命战争时期、抗日战争时期和解放战争时期参加革命战争的有功人员。

勋章的诞生

1955 年 2 月 12 日，第一届全国人民代表大会常务委员会第七次会议根据中华人民共和国宪法规定，通过了《关于规定勋章奖章授予中国人民解放军在中国人民革命战争时期有功人员的决议》和《中华人民共和国授予中国人民解放军在中国人民革命战争时期有功人员的勋章奖章条例》。

决议指出："中国人民解放军在中国共产党领导下，同全国人民一起，英勇地进行了长期革命战争，战胜了国内外反革命武装力量，取得了反对帝国主义、封建主义和官僚资本主义的人民革命的伟大胜利；对中国人民革命事业，对中华人民共和国的建立有着卓越的功勋。"

决议规定将八一勋章和八一奖章、独立自由勋章和独立自由奖章、解放勋章和解放奖章，分别授予中国人民解放军在中国工农红军时期、抗日战争时期和解放战争时期参加革命战争的有功人员。

当日，毛泽东发布中华人民共和国主席令，正式公布了《中华人民共和国授予中国人民解放

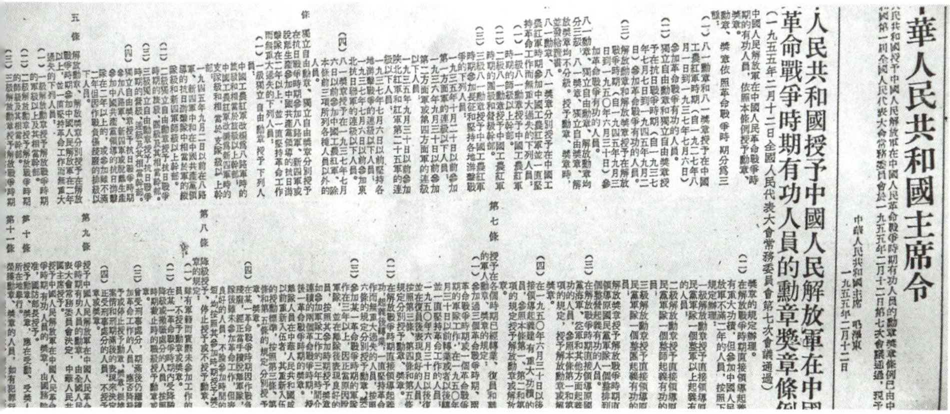

中華人民共和國主席令

中華人民共和國授予中國人民解放軍在中國人民革命戰爭時期有功人員的勳章獎章條例

（一九五五年二月十二日全國人民代表大會常務委員會第七次會議通過）

1955 年 2 月 13 日，《人民日报》公布《中华人民共和国授予中国人民解放军在中国人民革命战争时期有功人员的勋章奖章条例》

军在中国人民革命战争时期有功人员的勋章奖章条例》。

1955年9月23日，第一届全国人民代表大会常务委员会第22次会议根据《中华人民共和国授予中国人民解放军在中国人民革命战争时期有功人员的勋章奖章条例》，审议了国务院总理周恩来提议授予在中国人民革命战争时期有功人员一级八一勋章、一级独立自由勋章、一级解放勋章的第一批名单，决定授予朱德等131人以一级八一勋章、授予朱德等117人以一级独立自由勋章、授予朱德等570人以一级解放勋章。

根据会议决定，中华人民共和国主席毛泽东于同日发布授勋命令。

全國人民代表大会常务委員会举行第二十二次会議

通过授予中華人民共和國元帥軍銜的決議

並通过授予在中國人民革命战争時期有功人員勳章的決議

新華社二十三日訊 全國人民代表大会常务委員会在九月二十三日举行了第二十二次会議。

会議根据中國人民解放軍軍官服役条例審議了國务院總理建議授予中華人民共和國元帥軍銜的名單，決定授予对創建和領導人民武裝力量、領導战役軍团作战、立有卓越功勳的高級將領朱德、彭德怀、林彪、刘伯承、賀龍、陈毅、罗荣桓、徐向前、聶榮臻、葉劍英以中華人民共和國元帥軍銜。

会議接着根据中華人民共和國授予中國人民解放軍在中國人民革命战争時期有功人員的勳章獎章条例，審議了國务院總理提請授予勳章的第一批名單，決定对在中國人民革命战争工農紅軍時期、抗日战争時期和解放战争時期的有功人員朱德、彭德怀、林彪、刘伯承、賀龍、陈毅、罗荣桓、徐向前、聶榮臻、葉劍英、万毅、王宏坤、王恩茂、王新亭、王震、王諍、王樹声、孔从周、甘泗淇、朱良才、成鈞、刘亞樓、李天煥、李克農、李延祿、李壽軒、李達、李濤、宋任窮、宋時輪、余秋里、吳法憲、呂正操、陈士榘、陈再道、陈先瑞、陈伯鈞、陈奇涵、陈賡、陈錫联、周士第、周保中、周桓、周純全、罗瑞卿、苏振華、洪学智、徐立清、徐海东、馬尔果甫·伊斯卡果夫、唐亮、韋國清、烏蘭夫、張令彬、張宗遜、張学思、張愛萍、張國華、張雲逸、張達志、張經武、曹達諾夫·扎依尔、郭天民、許世友、許光達、畢占雲、崔田民、彭紹輝、賀炳炎、傅秋濤、傅連暲、傅鍾、程世才、黃克誠、黃永勝、曾生、粟裕、馮白駒、馮仲雲、買買提伊敏·伊敏諾夫、楊至成、楊成武、楊得志、葉飛、趙尔陸、趙壽山、廖漢生、鄧華、鄭維山、閻紅彥、閻揆要、賴傳珠、謝富治、鍾期光、賽福鼎、蕭克、蕭勁光、蕭華、韓先楚、韓振紀、譚政、譚冠三、譚家述、饒正錫等人，分別授予一級八一勳章、一級独立自由勳章、一級解放勳章。

会議決定授予一級解放勳章的人員中有在中國人民解放战争時期直接領導原國民党軍隊起义有功人員、对人民解放战争有功人員以及对和平解放西藏地區有功人員刘文輝、刘善本、李明灝、吳化文、何基灃、陈明仁、林遵、阿沛·阿旺晉美、高樹勳、馬鴻賓、張克俠、張治中、張軫、陶峙岳、傅作义、程潛、曾澤生、董其武、裴昌会、鄧兆祥、鄧宝珊、鄧錫侯、潘朔端、盧漢、韓練成等人。

这次会議決定第一批授予一級八一勳章的有一百三十一人；第一批授予一級独立自由勳章的有一百一十七人；第一批授予一級解放勳章的有五百七十八人。

中華人民共和國全國人民代表大会常务委員会關於授予中華人民共和國元帥軍銜的決議

（一九五五年九月二十三日全國人民代表大会常务委員会第二十二次会議通过）

一九五五年九月二十三日全國人民代表大会常务委員会第二十二次会議，根据中國人民解放軍軍官服役条例，審議了國务院周恩來總理提出的建議，決定授予朱德、彭德怀、林彪、刘伯承、賀龍、陈毅、罗荣桓、徐向前、聶榮臻、葉劍英以中華人民共和國元帥軍銜。

中華人民共和國全國人民代表大会常务委員会關於授予在中國人民革命战争時期有功人員一級八一勳章、一級独立自由勳章、一級解放勳章的決議

（一九五五年九月二十三日全國人民代表大会常务委員会第二十二次会議通过）

一九五五年九月二十三日，全國人民代表大会常务委員会第二十二次会議，根据中華人民共和國授予中國人民解放軍在中國人民革命战争時期有功人員的勳章獎章条例，審議了國务院周恩來總理提請授予在中國人民革命战争時期有功人員一級八一勳章、一級独立自由勳章、一級解放勳章的第一批名單，決定授予朱德等一百三十一人以一級八一勳章，授予朱德等一百一十七人以一級独立自由勳章，授予朱德等五百七十八人以一級解放勳章。

七千多头小豬。

目前，一部分幹部因看到丰收就要到來，「三定」工作順利，因而產生了过分樂観和不願再作艰苦工作的思想情緒，这一點已引起各地中共党委的注意。

据新華社鄭州二十三日电 河南省的粮食「三定」运動在九月上旬已基本結束。这項工作是从六月中旬、七月上旬相繼開始進行的。在这期間，全省夏季粮食徵、購計劃已完成百分之九十九。

河南省有一百三十万幹部和農村積極分子，学習了「三定」政策以後，投入了这个运動。全省一万五千多个鄉在中共支部領導下，都成立了以貧農为主有中農参加的鄉村粮食工作委員会，具体領導了粮食「三定」工作。「三定」政策受到廣大農民和基層幹部的熱烈拥護，他們形容粮食「三定」叫「四滿意」：增產不增購，餘粮戶滿意；不統購周轉粮，自足戶滿意；餘、缺粮戶界限清楚，保証缺粮供应，缺粮戶滿意；今後統購統銷工作量減少，鄉村幹部滿意。隨着「三定」政策的深入貫徹，農業生產上也出現了新的風气：農民積極生產、積
把，生產[…]

1955 年 9 月 24 日，《人民日报》刊登关于通过授予中华人民共和国元帅军衔的决议并通过授予在中国人民革命战争时期有功人员勋章的决议

勋章授予谁

《中华人民共和国授予中国人民解放军在中国人民革命战争时期有功人员的勋章奖章条例》规定，勋章、奖章依照革命战争时期分为三种：

（一）八一勋章和八一奖章，授予在中国工农红军时期（自1927年8月1日到1937年7月6日）参加革命战争有功的人员。

（二）独立自由勋章和独立自由奖章，授予在（全面——编者注）抗日战争时期（自1937年7月7日到1945年9月2日）参加革命战争有功的人员。

（三）解放勋章和解放奖章，授予在解放战争时期（自1945年9月3日到1950年6月30日）参加革命战争有功的人员。

八一勋章、独立自由勋章、解放勋章均分为三级；八一奖章、独立自由奖章、解放奖章均不分级；授予勋章、奖章时，并发给证书。

授予勋章、奖章的条件，以参加人民革命战争时间的长短和当时职级的高低，以及是否坚持革命工作和有无重大过失为依据。

八一勋章（八一奖章）

八一勋章、八一奖章，分别授予在中国工农红军时期参加中国工农红军并一直坚持革命工作而无重大过失的人员。

一级八一勋章，授予中国工农红军时期的师级以上干部。

二级八一勋章，授予中国工农红军时期的团级和营级干部。

三级八一勋章，授予中国工农红军时期参加长征和坚持各地游击战争的下列人员：1935 年 10 月 20 日以前参加第一方面军的连级以下人员；1936 年 9 月 30 日以前参加第二方面军和第四方面军的连级以下人员；1935 年 9 月 30 日以前参加陕北红军和红军第二十五军的连级以下人员；1937 年 7 月 6 日以前坚持各地游击战争和参加东北抗日联军的连级以下人员。

八一奖章，授予 1937 年 7 月 6 日以前参加中国工农红军的上述人员以外的人员。

独立自由勋章（独立自由奖章）

独立自由勋章、独立自由奖章，分别授予在抗日战争时期参加八路军、新四军或脱离生产参加中国共产党领导的抗日游击队在两年以上，并一直坚持革命工作而无重大过失的人员。

一级独立自由勋章，授予中国工农红军改编为八路军时的旅级和相当于旅级以上干部；中国工农红军改编为新四军时的支队级和相当于支队级以上干部；1945 年 9 月 2 日以前在八路军、新四军中和在中国共产党领导的抗日游击队中相当于军的纵队级以及新四军师级以上干部。

二级独立自由勋章，授予抗日战争时期的旅级、团级及其相当干部。

三级独立自由勋章，授予抗日战争时期的营级、连级及其相当干部。

独立自由奖章，授予抗日战争时期参加八路军、新四军或脱离生产参加中国共产党领导的抗日游击队在两年以上的，或参加虽不满两年但因作战负伤残废的排级以下人员。

解放勋章（解放奖章）

解放勋章、解放奖章，分别授予在解放战争时期参加中国人民解放军在两年以上，并一直坚持革命工作而无重大过失的人员。

一级解放勋章，授予解放战争时期的军级以上及其相当干部。

二级解放勋章，授予解放战争时期的师级及其相当干部。

三级解放勋章，授予解放战争时期的团级、营级及其相当干部。

解放奖章，授予解放战争时期参加中国人民解放军在两年以上的，或参加虽不满两年但因作战负伤残废的连级以下人员。

勋章故事

1955 年大授勋

中南海授勋

1955 年 9 月 27 日下午，中华人民共和国主席授衔授勋典礼在北京中南海怀仁堂隆重举行。一辆辆小汽车驶进中南海，一个个兴高采烈的将领们从汽车里出来。五五式新式军礼服，特别是那海蓝色的元帅服，在阳光下熠熠生辉。

中南海怀仁堂

1955 年 9 月 27 日，中华人民共和国主席授衔授勋典礼在北京中南海怀仁堂隆重举行。图为授衔授勋典礼现场

下午不到 5 点，毛泽东主席的黑色吉姆车来到会场外。穿着中山装的毛主席，在随从人员的簇拥下走到后台，与在那里等着他的将帅们亲切握手。

5 时整，毛泽东与会议主席团成员朱德、刘少奇、周恩来、宋庆龄、李济深、沈钧儒、郭沫若、黄炎培、彭真、李维汉、陈叔通、陈云、彭德怀、邓小平、邓子恢、贺龙、陈毅、乌兰夫、李富春、李先念等人一起走进会场，会场响起雷鸣般的掌声。

主席团成员落座之后，全国人民代表大会常务委员会典礼局局长余心清宣布中华人民共和国主席授衔授勋典礼开始，军乐队奏起了庄严的中华人民共和国国歌。在国歌声中，会场显得庄严肃穆。

接着，全国人民代表大会常务委员会副委员长兼秘书长彭真宣读中华人民共和国主席授予中国人民解放军军官以中华人民共和国元帅军衔的命令，会场再次响起了热烈的掌声。毛泽东主席接着将授予中华人民共和国元帅军衔的命令状，分别授予朱德、彭德怀、林彪、刘伯承、贺龙、陈毅、罗荣桓、徐向前、聂荣臻、叶剑英。

授予元帅军衔礼成之后，彭真宣读了中华人民共和国主席授予中国人民解放军在中国人民革命战争时期有功人员勋章的命令。

毛泽东主席接着将一级八一勋章、一级独立自由勋章、一级解放勋章，分别授予在中国工农红军时期、全面抗日战争时期、解放战争时期参加革命战争的有功人员，在解放战争时期直接领导原国民党军队起义的有功人员，对人民解放战争有功人员，以及对和平解放西藏地区的有功人员。

第一个领授勋章的是朱德元帅。穿着崭新元帅服的朱德走

毛泽东为朱德元帅授勋

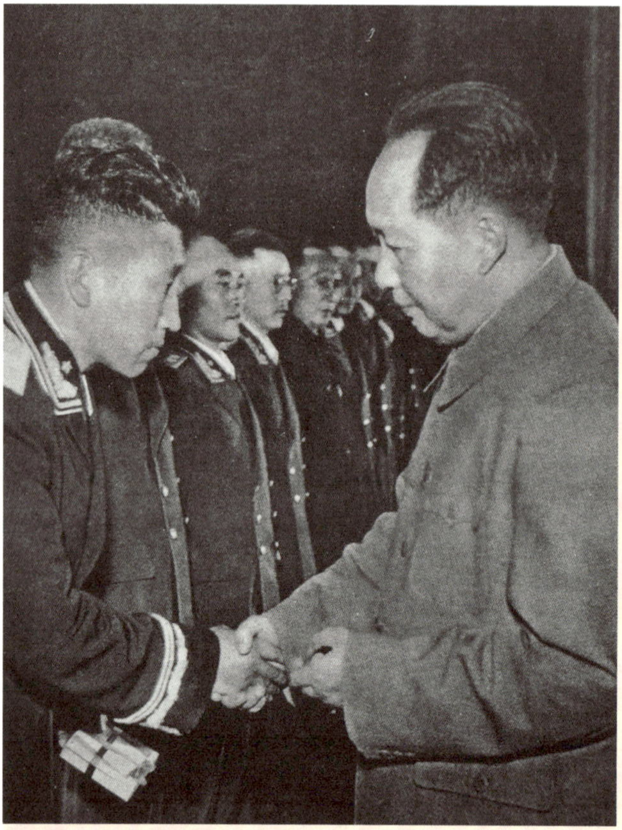

毛泽东给将军们授勋

到毛泽东面前，庄严地行了一个军礼。毛泽东深情地看着这个与自己同舟共济、患难与共的战友，心情十分激动，郑重地把一级八一勋章、一级独立自由勋章、一级解放勋章颁发给朱德元帅。

第二个领授勋章的是彭德怀元帅。这个跟随毛泽东南征北战、出生入死、横刀立马的彭大将军，为创建中华人民共和国立下了不朽的功勋。

接下来，毛泽东依次为林彪、刘伯承、贺龙、陈毅、罗荣桓、徐向前、聂荣臻、叶剑英颁发一级八一勋章、一级独立自由勋章、一级解放勋章。

当天参加典礼接受勋章的，是全国人民代表大会常务委员会第二十二次会议通过的第一批授予勋章人员名单中的在京人员。

授衔授勋典礼于下午 6 时半在《胜利进行曲》的军乐声中宣告完成。下午 7 时，国务院总理周恩来在怀仁堂外的草坪上举行庆祝授衔授勋酒会。在悠扬悦耳的音乐声中，夕阳照耀着怀仁堂，也照耀在将帅们金色的勋章上。

草坪的长桌上摆满了丰盛的食物和酒水，穿着新式军礼服、佩戴着勋章的将帅们，与参加会议的党和国家领导人互致问候和祝贺。

周恩来在酒会上致辞：为中国人民的伟大胜利，为中国共产党领导的武装斗争的胜利，为毛主席、为中国人民解放军全体官兵、为元帅们、为将军们和所有荣获勋章的有功人员的健康而干杯！

在中华人民共和国主席授衔授勋典礼举行的第二天，《人民日报》发表了题为《我国武装力量现代化正规化建设中的重要措施》的社论，对受衔的人民解放军军官和所有受勋受奖人员表示祝贺，同时强调对革命战争时期有

社論

我國武裝力量現代化正規化建設中的重要措施

1955 年 9 月 28 日，《人民日报》发表社论《我国武装力量现代化正规化建设中的重要措施》

功人员授予国家勋章、奖章和实行军衔制的必要性。

社论指出，我国人民解放军自建军以来，就在中国共产党的直接领导下，和全国人民在一起，以百折不回的革命意志和伟大的自我牺牲精神，同强大的国内外敌人英勇作战。为了人民的胜利，他们忍受了难以想象的艰难困苦，甚至付出了鲜血和生命，最终取得了人民革命的伟大胜利。授予人民革命战争时期有功人员以国家勋章和奖章，这是我们伟大的祖国和人民给予自己的英雄儿女们的崇高荣誉，代表着国家和人民对于这些英雄儿女们的深切感谢。将鼓舞全体军人和军官更高度地发扬爱国主义和革命英雄主义精神，以高度的积极性和创造性在人民解放军现代化正规化建设中发挥更大的作用，在解放台湾，完成祖国统一大业和保卫祖国、防御帝国主义侵略的斗争中发挥更大的作用。

贺龙为将官们授勋

国防部和各大单位授勋

1955年9月28日，国防部举行授衔授勋仪式，国防部长彭德怀元帅给在京的部分校级军官颁发了校级军衔和勋章。

随后，各大军区、各军兵种也都举行了授衔授勋仪式，刘伯承、贺龙、陈毅、聂荣臻、叶剑英元帅和国务院副总理李先念等，代表中华人民共和国主席毛泽东授予有功人员勋章、代表国务院总理周恩来授予将官军衔，代表国防部长彭德怀元帅授予校官尉官军衔。

11 月 20 日，沈阳军区的授衔授勋典礼在军区八一剧场礼堂举行，国防委员会副主席叶剑英元帅代表毛泽东主席、周恩来总理和国防部长彭德怀元帅向将官和校官们授衔授勋。

11 月 23 日，北京军区、内蒙古军区授衔授勋典礼在北京军区礼堂举行。聂荣臻元帅代表毛泽东主席、周恩来总理和国防部长彭德怀元帅向将官和校官们授衔授勋。

11 月 19 日防空军、11 月 22 日海军、11 月 24 日空军、11 月 29 日公安军分别举行了授衔授勋仪式。

11 月 29 日，华东地区部队和军事院校的授衔授勋仪式在南京人民大会堂举行。国防委员会副主席刘伯承元帅、陈毅元帅代表国务院总理周恩来向将官授衔，代表中华人民共和国主席毛泽东向在中国人民革命战争时期有功人员授勋。

12 月 6 日，济南军区举行授衔授勋典礼，济南军区代司令员兼第二政委王新亭上将代表国防部长彭德怀元帅向校官授衔授勋。

12 月 10 日，成都、昆明、西藏三个军区的授衔授勋仪式在成都举行。国务院副总理贺龙元帅代表毛泽东主席、周恩来总理向将官们授衔授勋。

12 月 15 日，武汉军区授衔授勋典礼在武汉市礼堂举行，国务院副总理李先念代表毛泽东主席、周恩来总理向将官和校官们授衔授勋。

12 月 15 日，广州军区将官授勋授衔典礼在广州举行，国防委员会副主席叶剑英元帅出席典礼，并代表毛泽东主席、周恩来总理向将官们授勋授衔。

12 月 15 日，兰州军区、新疆军区授衔授勋仪式在兰州举行。国务院副总理贺龙元帅代表毛泽东主席、周恩来总理、国防部长彭德怀元帅向将官和校官们授衔授勋。授衔授勋后，贺龙在讲话中指出：国家和人民给予我们崇高的荣誉，不仅标志着同志们过去在工作和斗争中所取得的成绩，更重要的是指明了我们每一个同志在今后保卫和建设伟大祖国的事业中所担负的重大责任。

1956 年 2 月 13 日，中国驻苏联大使馆武官处在列宁格勒“军官之家”举行中国军官授勋授衔仪式。在苏联学习的陆、海、空三军近百名军官参加了仪式。随朱德率领的代表团赴东欧、苏联参观访问的聂荣臻元帅代表毛泽东主席、周恩来总理、国防部长

中国人民解放军广州军区将官授勋授衔典礼合影

彭德怀元帅，向在苏联学习的将官、校官授勋授衔，中国驻苏联武官韩振纪中将宣读授勋授衔命令。苏军派了一名炮兵主帅参加了中国军官授勋授衔仪式。

1956 年下半年，驻朝鲜的中国人民志愿军部队开始授衔授勋。

1957 年再次授勋

自 1955 年与首次授衔同时进行的大规模授勋之后，经过近两年复杂细致的工作，1957 年 6 月，中央决定再次授予中国人民解放军在人民革命战争时期有功人员勋章。《解放军报》第 230 期（1957 年 6 月 18 日）对此作了报道：

据新华社 17 日讯，全国人民代表大会常务委员会今天下午举行第七十四次会议，会议根据中华人民共和国授予中国人民解放军在中国人民革命战争时期有功人员的勋章奖章条例，审议了国务院周恩来总理提请授予八一勋章、独立自由勋章、解放勋章的第二批名单，决定授予四十七人以一级八一勋章、授予一千四百六十七人以二级八一勋章、授予五千三百三十九人以三级八一勋章、授予一百九十六人以一级独立自由勋章、授予四千一百五十二人以二级独立自由勋章、授予三万一千零九十八人以三级独立自由勋章、授予四百二十一人以一级解放勋章、授予四千九百三十二人以二级解放勋章、授予五万四千八百七十九人以三级解放勋章。

1957年6月18日，根据全国人民代表大会常务委员会的决定，中华人民共和国主席毛泽东发布授勋命令，其中包括授予杨成武等47人一级八一勋章、黄永胜等196人一级独立自由勋章、王建安等421人一级解放勋章。

中国人民解放军总政治部、总干部部于6月20日联合发出《关于举行授勋仪式的几个问题的通知》，要求“各单位应即准备举行授勋仪式”。通知中提出，勋章一般应在授勋仪式上授予本人，如因单位分散、人数很少，不便举行授勋仪式，或个别人员因故不能参加授勋仪式时，也可以由本单位首长代为将勋章个别地授予本人。

通知中规定，授勋仪式应由各单位政治部、干部部共同负责组织，至于授勋仪式是否邀请地方党政负责同志参加，授勋后是否举行文娱活动，由各单位根据具体情况自行确定。通知中要求各单位一般应在 1957 年 10 月 1 日以前将现役军人的勋章授给本人，个别单位如有特殊情况，也可以稍延迟一些时间。

这一年的八一建军节前夕，人民解放军总部、各军种、兵种和各军区的领导机关及各部队先后举行了隆重的授勋典礼。

在总部和驻京部队联合举行的授勋典礼上，国防部副部长李达上将宣读了毛泽东主席的授勋命令，国务院副总理贺龙元帅代表毛泽东主席把勋章授予杨成武上将等 394 人。

在总参谋部的授勋典礼上，总参谋长粟裕大将代表毛泽东主席把各种勋章授予 968 名军官。

总政治部、军事法院、军事检察院联合举行的授勋典礼上，国防部副部长、总政治部主任谭政大将代表毛泽东主席将勋章授予林月琴等 559 人，其中有女军官 22 人。

在沈阳军区俱乐部隆重举行的授予驻东北地区陆海空军各部队、院校军官勋章典礼上，国防部副部长萧劲光大将代表毛泽东主席把一级、二级和三级八一勋章、独立自由勋章和解放勋章，分别授予邓华上将、王建安上将等549名将军和军官。

1957年7月20日，在兰州、新疆军区分别举行的授勋典礼上，总干部部部长兼总政治部副主任萧华上将代表毛泽东主席授勋，466名有功人员分别获得八一勋章、独立自由勋章和解放勋章。曾经参加过新疆三区民族革命的维吾尔族、哈萨克族等少数民族军官，也都分别获得一、二、三级解放勋章。

7月25日，在济南军区授勋典礼上，济南军区代司令员王新亭上将代表毛泽东主席分别授予635名在革命战争时期的有功人员八一勋章、独立自由勋章和解放勋章。

在后勤学院授勋仪式上，600名革命战争时期的有功人员，分别获得八一勋章、独立自由勋章和解放勋章。后勤学院副院长张池明中将宣读了中华人民共和国主席令，并代表毛泽东主席把二、三级八一勋章、独立自由勋章和解放勋章一一授予有功人员。

转业复员军人的遗憾

勋章、奖章的颁发工作，原计划分两期进行。1955年颁发现役军人的勋章、奖章，1956年颁发转业、复员和离队军人的勋章、奖章。

《解放军报》第106期（1956年9月1日）曾报道：

对转业部队有功人员下半年开始授予勋章奖章

本报31日讯　从今年下半年开始，将在大部分集体转业部队中授予有功人员勋章奖章，这项工作到1957年上半年完成。

这是8月27日至31日中共中央组织部、国务院人事局、中国人民解放军总政治部、总干部部联合召开的集体转业部队授勋授奖工作会议上确定的。

领导方面认为，转业军人中许多同志在革命战争中长期参加军队工作，为了表彰他们的历史功绩，鼓励他们在祖国的社会主义建设事业中发挥更大的作用，应该及早按照规定分别授予他们勋章奖章。只是因为这次授勋授奖工作的规模较大，必须在一定的时间内有步骤地进行。对于转业军人的授勋授奖，目前先在大部分集体转业部队中进行，然后再普遍在其余细小的集体转业部队和个别的转业军人中进行。

许多革命战争时期参军的转业军人都渴望得到勋章、奖章。但遗憾的是授勋工作在具体实施时有一些变动，未能按原计划进行。第一，现役军人的勋章、奖章，一直颁发到1957年。主要原因是授勋工作审批程序和政审非常严格，特别是评定勋章种类、等级工作非常细致、复杂；由于历史的条件所限，尤其是红军时期干部档案制度尚不够健全，一些干部战争时期的任职在档案记载上不够明确，有时需要当年的上下级和同级来证明。这就给评定勋章增加了难度，也是造成分批公布授勋人员名单的一个重要原因。如邓华上将1955年被授予一级独立自由勋章和一级解放勋章，但直到1957年，才被授予一级八一勋章。第二，第一期完成后，第二期较复杂，再加上全党当时开始了反右运动，因而授勋工作遇到了很大困难，也很难再开展下去。为此，毛泽东主席提出已转业到地方工作的人员不再授予勋章，并带头不要勋章。在这种情况下，预留给毛泽东、周恩来、刘少奇尾数编号为001、002、003的三个一级勋章未能正式颁发出去，出现了朱德元帅首先获得的勋章和证书尾数编号均为004的现象。

除当时已转业到地方的符合授勋条件的人员不再授勋外，从 1958 年到 1965 年由地方又回军队任职并被授予少将以上军衔的高级将领，经毛泽东主席和中央军委同意，也不再授予勋章。

勋章档案

三大勋章由中央美术学院教授周令钊主笔设计。勋章的规格大小分等级而异，最大的一级八一勋章通径为 6.0 厘米，最小的三级解放勋章通径为 4.8 厘米。背后有凸形的“中华人民共和国 × × × 勋章”字根样及章号，钢质别针固定在背面。

此外，每枚勋章另配有略章，为 10 毫米 ×25 毫米，横式。略章的颜色，八一勋章为红底黄杠，独立自由勋章为绿底黄杠，解放勋章为黄底红杠。三种略章均为一级一杠、二级二杠、三级三杠。

图说勋章

八一勋章（八一奖章）

八一勋章（八一奖章）的中心图案是红星和“八一”，突出反映中国共产党于 1927 年 8 月 1 日独立领导革命武装的光辉史实。

一级八一勋章

金质

通径 6.0 厘米

二级八一勋章

金、银质

通径 5.6 厘米

三级八一勋章

银质

通径 5.4 厘米

八一奖章

铜（镀金）质

直径 3.4 厘米

独立自由勋章（独立自由奖章）

独立自由勋章（独立自由奖章）的中心图案是红星和延安宝塔山，象征在中国共产党的领导下，革命圣地延安是中国人民抗日民族战争的革命大本营。

一级独立自由勋章

金质

通径 5.8 厘米

二级独立自由勋章

金、银质

通径 5.5 厘米

三级独立自由勋章

银质

通径 5.3 厘米

独立自由奖章

铜（镀金）质

直径 3.3 厘米

解放勋章（解放奖章）

解放勋章（解放奖章）的中心图案是红星和天安门，象征中国共产党领导人民武装夺取全国胜利。

一级解放勋章

金质
通径 5.6 厘米

二级解放勋章

金、银质
通径 5.2 厘米

三级解放勋章

银质
通径 4.8 厘米

解放奖章

铜（镀金）质
直径 3.2 厘米

据初步统计，1955 年至 1957 年，共授予中国人民解放军在中国人民革命战争时期有功人员各种勋章 103348 枚，各种奖章 52 万余枚。其中，被授予一级八一勋章者 178 人、二级八一勋章者 1467 人、三级八一勋章者 5339 人；一级独立自由勋章者 313 人、二级独立自由勋章者 4152 人、三级独立自由勋章者 31098 人；一级解放勋章者 990 人、二级解放勋章者 4932 人、三级解放勋章者 54879 人，授勋人数共计 61000 余人。

在功勋卓著的共和国开国将帅中，有 144 人同时荣获三枚一级勋章，其中，10 位元帅和 10 位大将均被授予金光灿灿的一级八一勋章、一级独立自由勋章和一级解放勋章；57 位开国上将中有 47 人被授予三枚一级勋章。

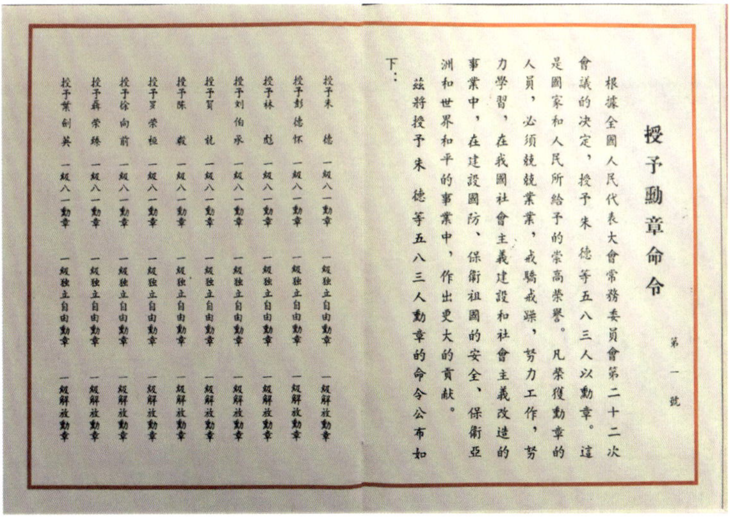
授予勳章命令

第一號

根據全國人民代表大會常務委員會第二十二次會議的決定，授予朱德等五八三人以勳章。這是國家和人民所給予的崇高榮譽。凡榮獲勳章的人員，必須兢兢業業，戒驕戒躁，努力工作，努力學習，在我國社會主義建設和社會主義改造的事業中，在建設國防、保衛祖國的安全、保衛亞洲和世界和平的事業中，作出更大的貢獻。

茲將授予朱德等五八三人勳章的命令公布如下：

授予朱 德 一級八一勳章 一級独立自由勳章 一級解放勳章

授予彭德怀 一級八一勳章 一級独立自由勳章 一級解放勳章

授予林 彪 一級八一勳章 一級独立自由勳章 一級解放勳章

授予刘伯承 一級八一勳章 一級独立自由勳章 一級解放勳章

授予賀 龍 一級八一勳章 一級独立自由勳章 一級解放勳章

授予陈 毅 一級八一勳章 一級独立自由勳章 一級解放勳章

授予罗荣桓 一級八一勳章 一級独立自由勳章 一級解放勳章

授予徐向前 一級八一勳章 一級独立自由勳章 一級解放勳章

授予聶荣臻 一級八一勳章 一級独立自由勳章 一級解放勳章

授予葉劍英 一級八一勳章 一級独立自由勳章 一級解放勳章

中华人民共和国主席授予勋章命令

勋章佩戴规定

对八一勋章、独立自由勋章、解放勋章三种勋章的佩戴，有严格规定。现役军人一律佩戴在五五式礼服的右侧，沿下翻领边缘自上而下为八一勋章、独立自由勋章、解放勋章。如只获两枚勋章亦按此顺序佩戴，只获一枚只佩右侧即可。略章佩戴于常服之左胸袋上方，八一勋章、独立自由勋章、解放勋章三枚从右至左一字排开，勋章和略章不能同时佩戴，穿礼服时佩戴勋章，穿常服时佩戴略章，不能违规佩戴。奖章与勋章的佩戴基本相同。

总参谋部在《关于军容风纪的若干规定》（1960 年 12 月）中对佩戴略章有明确规定：军人参加一切外事礼节性的活动（迎送、接见、宴会、欢迎大会和晚会，以及参观国际体育比赛、陪同外宾参观军事项目等），一律穿制式军服（是否穿礼服、大衣按主管机关的规定执行），佩戴军衔肩章、领章、军种（兵种）与专业符号，勋章、奖章的略章，穿黑色皮鞋，不扎武装带。

佩戴三枚一级勋章的罗瑞卿大将

佩戴三枚一级勋章的刘亚楼上将

第一批授予勋章人员名单中的在京人员

一级八一勋章 一级独立自由勋章 一级解放勋章	朱　德、彭德怀、林　彪、刘伯承、贺　龙 陈　毅、罗荣桓、徐向前、聂荣臻、叶剑英 王宏坤、王近山、王　震、王树声、甘泗淇 朱良才、刘志坚、刘亚楼、刘道生、李克农 李　达、李　涛、宋任穷、陈　赓、周士第 周保中、罗瑞卿、洪学智、孙　毅、倪志亮 张宗逊、张爱萍、张云逸、张经武、郭天民 许光达、莫文骅、彭绍辉、傅秋涛、程世才 黄克诚、粟　裕、冯白驹、赵尔陆、阎红彦 赖传珠、谢富治、萧　克、萧劲光、萧　华 谭　政
一级八一勋章 一级独立自由勋章	冯仲云
一级八一勋章 一级解放勋章	王尚荣、王　诤、朱　明、刘少文、李天焕 吴先恩、陈外欧、周仁杰、周纯全、孙超群 徐深吉、唐天际、张广才、杨至成、杨秀山 郑维山、萧向荣、谭家述
一级独立自由勋章 一级解放勋章	万　毅、王　平、刘少卿、刘其人、吕正操 陈士榘、罗舜初、苏振华、张国华、杨成武 阎揆要、韩　伟

一级八一勋章	欧阳毅
一级独立自由勋章	孟庆山
一级解放勋章	王文轩、王再兴、王光华、王奇才、王宗槐、王秉璋 王振祥、王智涛、王辉球、牛书申、孔石泉、甘思和 石志本、朱　军、成　钧、刘子云、刘文辉、刘中华 刘西元、刘华清、向仲华、李人林、李中权、李赤然 李呈瑞、李　贞、李　耀、李继开、吴　烈、吴　涛 何廷一、何基沣、何维忠、何　辉、谷景生、谷广善 沙　克、余秋里、陈　沂、陈云开、陈庆先、周希汉 周　彪、周　彬、苏　进、苏　静、易耀彩、邱会作 邱创成、邱　蔚、封永顺、乌兰夫、查国祯、段德彰 胡奇才、孙仪之、袁子钦、袁升平、袁　渊、徐德操 张令彬、张平凯、张池明、张克侠、张廷发、张治中 张开荆、张　雄、张　轸、张　瑞、张逊之、张震东 张贤约、梁必业、常乾坤、曹达诺夫·扎依尔 梅嘉生、彭富九、贺东生、傅作义、傅崇碧、傅连暲 程　潜、黄火星、黄志勇、黄振棠、黄新友、黄炜华 高树勋、曾克林、曾　美、曾泽生、童陆生、喻缦云 杨尚儒、叶青山、顿星云、董其武、赵　镕、漆远渥 熊伯涛、邓家泰、邓逸凡、郑国仲、潘　峰、蔡顺礼 阎捷三、卢　汉、龙道权、欧阳文、谢有法、钟汉华 薛少卿、邝任农、魏传统、谭右铭、饶正锡、饶守坤 （以上资料来源于《人民日报》1955年9月28日第1版）

被授予一级解放勋章的原国民党起义将领

在解放战争时期直接领导原国民党军队起义的人员勋章、奖章的授予规定	1. 在解放战争时期起义后参加中国人民解放军两年以上的人员，按照授予中国人民解放军勋章、奖章的规定办理。 2.在解放战争时期直接领导起义建有重大功绩，但参加人民解放军不满两年的人员，按照下列规定办理：（1）一级解放勋章授予直接领导原国民党军队一个整军以上起义有功的人员。（2）二级解放勋章授予直接领导原国民党军队一个整师起义有功的人员。（3）三级解放勋章授予直接领导原国民党军队一个整团起义有功的人员。（4）解放奖章授予解放战争时期直接领导原国民党军队一个整排到一个整营起义有功的人员。
第一批被授予一级解放勋章的原国民党起义将领	刘文辉、刘善本、李明灏、吴化文、何基沣 陈明仁、林　遵、阿沛·阿旺晋美、高树勋 马鸿宾、张克侠、张治中、张　轸、陶峙岳 孔从洲、傅作义、程　潜、曾泽生、董其武 裴昌会、邓兆祥、邓宝珊、邓锡侯、潘朔端 卢　汉、韩练成等

受勋者说

1955 年至 1957 年，中国人民解放军先后有 6 万余人被授予勋章。这是国家和人民给自己英雄儿女的崇高荣誉，也是对人民解放军在各个革命战争时期历史功绩的肯定。勋章获得者们对于国家和人民给予的殊荣感慨万千，充满了自豪感和责任感，但他们想得更多的是在革命战争年代牺牲的战友，荣誉应该属于他们。

孔庆德

一级八一勋章、一级独立自由勋章、一级解放勋章获得者：

我迈着军人的步伐走上台，举手敬礼格外认真用力，我感到自己心跳得很厉害，动作也似乎有些机械僵硬。接过由周恩来总理亲自签署的授衔命令以及金灿灿的中将肩章和一级八一勋章、一级独立自由勋章、一级解放勋章，我分明感到沉甸甸的分量！这是党和人民给予的崇高荣誉！荣誉与奉献同在，荣誉与使命同存！

方强

一级八一勋章、一级独立自由勋章、一级解放勋章获得者：

"这次授衔，我作为海军副司令被授予了海军中将军衔，荣获一级八一勋章，一级独立自由勋章，一级解放勋章。""在被授予中将军衔，获得三枚一级勋章的日子里，我想得更多的是革命战争时期牺牲的战友们，他们没有活到共和国诞生的时候，更没有得到什么职务和军衔，我的许多在战争时期的领导和战友，如果活到授衔的那一天，他们都一定是赫赫有名的将军。而他们没有得到，但他们均为共和国奉献出了自己的一切。"

蔡顺礼

二级八一勋章、一级独立自由勋章、一级解放勋章获得者：

“在数百名将军中，我们这一列的勋章得到了毛主席的亲授。回想当时的情景，毛主席迈着稳健的步伐，走到我们的队前，依次与我们握手，并将勋章交到我们手里，在那神圣、庄严的场合，我们每个人唯一能做的就是保持最好的军姿，感受这美好的时刻。”“当毛主席向我授予勋章时，我紧紧地握着他那双大手，不由得回想起1930年10月红军攻克吉安城举行庆祝胜利的大会时，我第一次聆听毛主席讲话的情景。当时毛主席操着浓重的湖南口音说：‘国民党叛变了革命，蒋介石、汪精卫都是帝国主义的走狗。我们红军要像打狗一样，打倒他们。’仅仅过了不到二十年，毛主席的英明论断就实现了，我们解放了全中国。”

王兆相

一级八一勋章、二级独立自由勋章、一级解放勋章获得者：

9月27日，我作为共和国的第一代将军，到中南海怀仁堂参加了授衔、授勋典礼。记得是周恩来总理授予我少将军衔的命令状和一级八一勋章、二级独立自由勋章、一级解放勋章的。对授予我二级独立自由勋章，我本来是有想法的，因为二级独立自由勋章是授予抗日战争中的旅级、团级干部的，而我，自1941年起先后担任过山东纵队第一支队副司令员、鲁中军区第二军分区司令员、清河军区第四军分区司令员、渤海军区第四军分区司令员。按照授勋的条件，应该被授予一级独立自由勋章。不过，一想到那些牺牲的同志，我的老首长刘志丹、谢子长、朱瑞，老战友杨琪、李成兰、刘鸿飞……他们的功绩那样大，甚至献出了宝贵的生命，又得到了什么勋章呢？我坦然接过了二级独立自由勋章。

汤光恢

二级八一勋章、一级独立自由勋章、一级解放勋章获得者：

“1955年9月全军开始授衔、授勋，我在沈阳任东北公安军政委，被授予少将军衔，并荣获二级八一勋章、一级独立自由勋章、一级解放勋章各一枚。”“我得到的荣誉都是党和人民给的，也是千万个牺牲的战友和烈士们给的，他们倒下了，而我还活着，是个幸存者。”

桂绍彬

二级八一勋章、二级独立自由勋章、一级解放勋章获得者：

“我被授予中华人民共和国一级解放勋章，中华人民共和国二级八一勋章，中华人民共和国二级独立自由勋章。”“回到家里，我看着那身崭新的礼服和闪闪发光的勋章，心潮起伏，久久不能平静……我深深地感到了肩上的责任，也更坚定了我学习海军知识为海军建设事业奋斗终生的信念。”“这种殊荣，不仅体现了党和国家对我们被授勋人员的关心，也是对中国人民解放军伟大历史功绩的肯定，对全军官兵具有巨大的教育和鼓舞作用。这些勋章至今我还倍加小心地保留着。”

刘华香

二级八一勋章、二级独立自由勋章、一级解放勋章获得者：

此时此刻这枚金灿灿的勋章似乎变得沉甸甸的。它不仅浸透了我的泪水、汗水和鲜血，也凝聚着战争年代无数倒下的战友的鲜血和生命。它来之不易。荣誉应该属于他们！如今我活着。他们却永远地走了。

张汉丞

三级八一勋章、二级独立自由勋章、一级解放勋章获得者：

1957年八一前夕，贺龙元帅代表毛泽东主席宣布授予我三级八一勋章、二级独立自由勋章、一级解放勋章。身着将军礼服，肩扛闪闪的金星，我心中充满了自豪，也倍感压力沉重。

邹衍

三级八一勋章、二级独立自由勋章、一级解放勋章获得者：

“我被授予少将军衔并被授予三级八一勋章、二级独立自由勋章、一级解放勋章，我们从叶剑英元帅手里接过命令状和勋章后，心里都非常激动，深感这是党和国家给的荣誉，是人民授予的荣誉。”“我知道所有的荣誉都是无数先烈用生命和鲜血换来的，无论党和国家给我什么荣誉，我都要加倍珍惜。”

王定烈

三级八一勋章、二级独立自由勋章、二级解放勋章获得者：

“对于军人，这是荣誉的象征，应该把它看得比生命还重要。”“当年给我颁发功勋章时，我想得更多的是为革命牺牲的那些首长和战友，那里面也凝聚着他们的鲜血与生命，同时，功勋章也一直激励着我为党、为军队、为人民多做一些有益的事。”

XUN ZHANG

中国人民解放军功勋荣誉章

为了表彰在中国人民革命战争时期入伍或参加革命工作的军队干部的历史功绩，并激励他们保持和发扬革命传统，1988 年 7 月，中央军委向在革命战争时期入伍或参加革命工作的军队离职休养干部颁发功勋荣誉章。

勋章的诞生

根据中央军委的指示，中国人民解放军总政治部从 1986 年着手进行向在革命战争时期入伍或参加革命工作的军队离职休养干部颁发功勋荣誉章的准备工作。中央军委对此非常重视，曾多次讨论并作过许多重要指示。1987 年 12 月，中央军委在给功勋荣誉章定名称时，考虑到这是对军队离休干部历史功绩的一次总结性表彰，经过深思熟虑，把它的名称定为“中国人民解放军功勋荣誉章”，使这个章既有功勋性质，又有荣誉性质。

第七届全国人民代表大会常务委员会把授予军队离休干部功勋荣誉章列入议程，对《中华人民共和国中央军事委员会关于授予军队离休干部中国人民解放军功勋荣誉章的规定》(以下简称“《规定》”)进行了严肃认真的审议。1988 年 7 月 1 日，第七届全国人大常委会第二次会议批准了这一规定。7 月 3 日，中华人民共和国中央军委主席邓小平发布命令，颁发施行。同日，邓小平发布命令，授予 830 名军队离休干部中国人民解放军一级红星功勋荣誉章。

《规定》对功勋荣誉章的种类、名称、授予的对象和条件，对被授予功勋荣誉章的人员给予的优待等事项，都做了明确的规定。根据《规定》，中国人民解放军功勋荣誉章分为三种：中国人民解放军红星功勋荣誉章（分为两级）、中国人民解放军独立功勋荣誉章、中国人民解放军胜利功勋荣誉章。

考虑到军队离休干部入伍或参加革命工作的时间不同，对革命的贡献也有所不同，中国人民解放军功勋荣誉奖章按照中国人民革命战争的不同时期划分为三种。为了更好地区分 1937 年 7 月 6 日以前入伍或参加革命工作的军队离休干部的历史功绩，又将第一种功勋荣誉章分为两级。

勋章授予谁

《规定》明确指出：授予中国人民解放军功勋荣誉章的对象是军队离休干部；在中国共产党各级顾问委员会、各级人民代表大会常务委员会、各级政治协商会议等组织担任职务而不在军队继续担任职务的军队干部。

中央军委决定，这次授予功勋荣誉章的对象既包括军队安置的离休干部，也包括由军队批准离休后移交地方政府管理、暂时保留军籍的军队离休干部。后面这一部分离休干部大都是解放战争和抗日战争时期的团、师职干部，一般都在军队工作了三四十年，为革命战争的胜利和军队的建设作出了重要贡献，是军队离休干部的一部分，应与在军队安置管理的离休干部同样对待。

授予不在军队继续担任职务，而在中国共产党各级顾问委员会、各级人民代表大会常务委员会、各级政治协商会议等组织担任职务的军队干部功勋荣誉章，是因为考虑到他们虽未离休，但已不在军队担任职务，军队在实行新的军衔制度时，不再授予他们军衔，因此，授予军队离休干部的功勋荣誉章应该同时授予他们，不宜待其离休时再授予。

为了维护中央军委授予功勋荣誉章的严肃性，《规定》明确了对犯有严重错误但尚未作出结论和处理的军队离休干部，要待作出结论和处理后，再依照《规定》确定是否授予功勋荣誉章；因犯有严重错误，离休时未能按照军队离休干部对待的，不授予功勋荣誉章；授予功勋荣誉章后触犯刑律被判刑的人员，将由中央军事委员会决定是否剥夺其功勋荣誉章。

红星功勋荣誉章

一级红星功勋荣誉章授予下列人员：

（一）1937 年 7 月 6 日以前入伍或者参加革命工作，并在

1965 年 5 月 21 日以前曾被授予少将以上军衔的军队离休干部；

（二）1937 年 7 月 6 日以前入伍或者参加革命工作，并在 1965 年 5 月 21 日以前曾任省、部级以上领导职务的军队离休干部。

二级红星功勋荣誉章授予下列人员：

（一）1937 年 7 月 6 日以前入伍或者参加革命工作，并在 1965 年 5 月 21 日以前曾被授予大校以下军衔或者未被授予军衔的军队离休干部；

（二）1937 年 7 月 6 日以前入伍或者参加革命工作，并在 1965 年 5 月 21 日以前曾被授予少将以上军衔，但是 1965 年 5 月 22 日以后受降职、降级或者撤职处分的军队离休干部；

（三）1937 年 7 月 6 日以前入伍或者参加革命工作，并在 1965 年 5 月 21 日以前曾任省、部级以上领导职务，但是 1965 年 5 月 22 日以后受降职、降级或者撤职处分的军队离休干部。

独立功勋荣誉章

授予 1937 年 7 月 7 日至 1945 年 9 月 2 日期间入伍或参加革命工作的军队离休干部。

胜利功勋荣誉章

授予 1945 年 9 月 3 日至 1949 年 9 月 30 日期间入伍或参加革命工作的军队离休干部。

勋章故事

隆重的授勋仪式

中央军委的授勋仪式

1988 年 7 月 30 日下午，在纪念中国人民解放军建军 61 周年的喜庆日子里，中央军委授予军队离休干部中国人民解放军功勋荣誉章仪式在人民大会堂隆重举行。

高大宽敞的人民大会堂一楼中央大厅，高悬“热烈祝贺军队离休干部荣获中国人民解放军功勋荣誉章”的

中央军委授予军队离休干部中国人民解放军功勋荣誉章仪式

大型横幅。在欢快的乐曲声中，功勋荣誉章获得者和陆海空军指战员、群众代表近3000人出席了大会。

党和国家领导人杨尚昆、李鹏、万里、乔石，中央军委委员洪学智、刘华清、秦基伟、迟浩田、杨白冰、赵南起出席授勋仪式。

授勋仪式上，在雄壮的中华人民共和国国歌声中，国家主席、中央军委副主席杨尚昆宣布，根据第七届全国人大常委会第二次会议通过的《中华人民共和国中央军事委员会关于授予军队离休干部中国人民解放军功勋荣誉章的规定》，中央军委主席邓小平发布命令，授予萧劲光等830名同志中国人民解放军一级红星功勋荣誉章；授予汪荣华等3704名同志二级红星功勋荣誉章；授予贺进恒等47914名同志独立功勋荣誉章；授予邓兆祥等31519名同志胜利功勋荣誉章。

随后，党和国家领导人分别向出席仪式并在主席台就座的王平、伍修权、杨得志、萧克、宋时轮、叶飞、廖汉生、王恩茂、刘震、李聚奎、杨成武、张宗逊、陈士榘、钟期光等14名老干部授予了一级红星功勋荣誉章。

王紫峰代表荣获功勋荣誉章的老同志，在仪式上讲话并表示，获得功勋荣誉的老同志们将决不辜负党和人民的期望，一定要珍惜荣誉，保持晚节，顾全大局，继续发扬我党我军的优良传统，为国家、军队的改革与建设，为实现四化、振兴中华的宏伟大业，努力作出新的贡献。

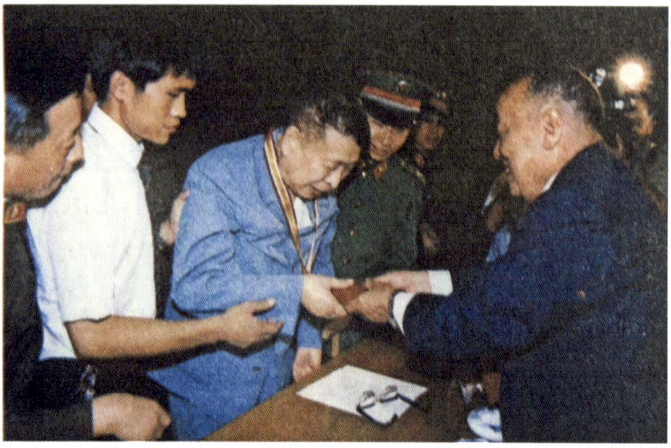

杨尚昆向钟期光授予一级红星功勋荣誉章

当天，《解放军报》发表了《历史的褒奖 时代的表彰——向全军离休老同志祝贺》的社论，饱含激情地赞颂了荣获功勋荣誉章的老同志为中国革命作出的重大贡献：

“四枚金光闪闪的功勋荣誉章，将我军61年艰苦卓绝的奋斗历程浓缩于方寸之间，佩带于各个不同历史时期参加革命的军队老同志胸前，集中地体现了历史的褒奖，时代的表彰，表达了党的勉励和关怀，人民的爱戴和祝福。”“授予功勋荣誉章是对老同志英雄业绩的表彰，更是对老同志革命精神的弘扬。如果把巍然屹立的钢铁长城比作老同志的记功碑的话，那么洋溢其中的革命精神就是钢铁长城赖以凝聚永固的精髓。”“祖国山河铭刻着老战士的英雄业绩，后辈战友景仰着老同志的高风亮节。”

今天，中央军委将在首都隆重举行仪式，授予在京军队离休干部中国人民解放军功勋荣誉章。全国各省、自治区和直辖市的驻军单位受中央军委委托，也将隆重集会向在各地安度晚年的军队离休干部授予功勋荣誉章。在这庄严而喜庆的时刻，我们谨代表全军官兵，向……高奖赏的所有离休老同志再一次表示衷心的祝

……句古话，叫做“饮水思源”。这次授功勋荣誉……章，大家抚今思昔，很自然地联想到老同志们……义，创建新中国，壮大子弟兵所经历的千辛万……的巨大艰辛，所建树的丰功伟绩。正象许多年……情赞颂的那样，我们的老同志是创建人民军……，是支撑人民武装力量的巍巍脊梁。我军从小到大，从弱到强，成为我国人民民主专政的……成为维护世界和平的重要力量，无不凝聚着老……和辛劳。董必武同志曾有诗云：“无语形容大……枚金光闪闪的功勋荣誉章，将我军61年艰苦卓……程浓缩于方寸之间，镌带于各个不同历史时期……军队老同志胸前，集中地体现了历史的褒奖，……表达了党的勉励和关怀，人民的爱戴和祝……老同志荣膺这一奖赏而感到无比的欣欣和振

历史的褒奖　时代的表彰

——向全军离休老同志祝贺

授予功勋荣誉章是对老同志英雄业绩的表彰，更是对老同志革命精神的弘扬。如果把巍然屹立的钢铁长城比作老同志的记功碑的话，那么洋溢其中的革命精神就是钢铁长城赖以坚不可摧的精髓。我军广大老干部既是我军光荣传统的创立者，也是这些光荣传统的传播者。他们所具有的全心全意为人民服务，坚持革命理想的英勇奋斗精神，服从党的领导，处处顾全大局的严守纪律精神，压倒一切困难的艰苦创业精神，勇于自我牺牲的无私献身精神，以及爱祖国、爱人民、爱社会主义的崇高品德，生动体现了我党我军的无产阶级性质，是取得革命事业胜利的法宝，是千金难买的精神财富。祖国山河铭刻着老战士的英雄业绩，后来战友景仰着老同志的高风亮节。毫无疑义，授予军队离休干部功勋荣誉章，对全军和全社会来说，都是一次生动实际的革命传统教育，必将鼓舞士气，匡正国风，从而有力地推动我军的革命化、现代化、正规化建设，极大地促进我国的社会主义精神文明和物质文明建设。

全军同志深深懂得，中央军委表彰奖赏老同志，同时意味着把进一步学习老同志的任务、照顾好老同志的责任赋予了我们。尊敬老同志，学习老同志，关心老同志，爱护老同志，应当在全军蔚然成风。在热烈祝贺老同志的同时，我们要进一步做好敬老的工作。各级领导、业务部门以及所有的同志都要把老同志的冷暖挂在心上，一切可以为老同志安度晚年做些事情的同志，都要认真负责、千方百计地为他们排忧解难，多办实事。在这项极其重要的工作中，全军各个干休所的负责同志和工作人员责任尤其重大。应当意识到，在干休所工作的同志肩负着党的委托，代表着全军战友的深挚情意，担负着直接照料老同志的责任，是十分光荣的岗位。每个同志都要全心全意地为老同志服务，安排好他们的衣食住行医各方面的生活，把对老同志的崇敬之情化为优质服务的实际行动。

尊老敬贤是中华民族的传统美德，也是我们社会应有的文明公德。我们高兴地看到，为军队离休干部授功勋荣誉章的消息一公布，全国各族各界人民，从白发老人到天真的红领巾，大家对全国人大批准中央军委的规定表示热烈拥护，对广大军队离休干部表现了赤诚的热爱之情。许多地方和单位还组织活动，宣扬老红军、老八路、老战士的革命事迹，学习老一辈的革命精神，进一步形成尊老敬贤的社会风尚。这一切都生动地证明，为革命事业建立了功勋，为人民的幸福有所奉献，人民是不会忘记的。老同志的历史功绩应当受到全社会的尊重，他们的休戚冷暖应当得到全社会的关心。借此机会，我们衷心希望各方面进一步关注退下来的老同志，特别是要引导青少年尊敬和学习老一辈，把敬老这件大事办得更好。我们的老同志也必定会更加珍惜自己的荣誉，继续写好自己的光荣历史。

许多老同志说得好：授予军队离休干部功勋荣誉章是盛世盛事。十年改革取得了举世瞩目的成就，赢得了空前安定团结、繁荣兴旺的新局面，要发展这大好的政治经济形势，还要靠深化改革。当前，国家改革处于关键时期，军队改革特别是干部制度的改革也处在重要时刻。此时此刻尤其需要大家团结一致，迎着风险，共闯难关。不必否认，长期的和平生活容易淡薄人们的艰苦奋斗精神。当此改革关键时期，表彰老同志的丰功伟绩和革命精神有着特殊重要的意义。长征接力有来人。战友们，让我们象老同志那样艰苦创业，勇于奉献，清正廉洁，革命到老，在完成新时期新的历史任务的奋斗中创建新的功勋。

祝贺你们，光荣的老同志老首长！

1988 年 7 月 30 日，《解放军报》发表社论《历史的褒奖　时代的表彰——向全军离休老同志祝贺》

革命老区为军队离休干部授勋

在中央军委举行授予军队离休干部功勋荣誉章仪式后，各军兵种、各大军区和全军各单位都举行了授勋仪式，一些革命老区的授勋仪式更是隆重。

延安授勋。1988年8月4日，为了及时给老区军队离休干部授勋，延安军分区派专人搭乘民航飞机从西安领回功勋荣誉章。8月5日，一场大暴雨冲垮了山路，延安军分区的领导派出专车，把散居百里之外的老同志接到了延安。8月6日，在隆重而简朴的延安授勋仪式上，8名陕北老汉般纯朴的离休干部接受了金光闪闪的功勋荣誉章。

黄冈授勋。1988 年 8 月 6 日，曾举行过著名的黄麻起义，辖有麻城、红安等 9 个市县的湖北黄冈举行隆重集会，为全区 59 名军队离休干部授勋。授勋仪式前，从地区各个单位接来的老红军、老干部们，在地委礼堂门口受到了几百名解放军指战员和群众的夹道欢迎。上午 9 点 30 分，当激昂的军歌在黄冈地委礼堂响起时，老红军们情不自禁地哼起熟悉的歌谣：“小小黄安（今红安），人人好汉，铜锣一响，四十八万，男将打仗，女将送饭……”

沂蒙山区授勋。1988 年 8 月 8 日，地处沂蒙山区的临沂军分区隆重举行授勋仪式，100 多名两鬓染霜、手持拐杖、戴着助听器、身上残留着弹片的老战士，在热烈的掌声和激越的欢迎曲中步入临沂军分区礼堂。参加授勋的老战士中，有不少曾参加过著名的鲁南、莱芜、孟良崮等战役。

赣州授勋。1988 年 8 月 10 日，《送郎当红军》的民歌旋律回荡在江西赣州的上空。江西赣州党政军和各界群众 1000 余人聚集在赣南剧院，为定居在瑞金、兴国等地的 69 名军队离休干部举行隆重的授勋仪式。鞭炮声、歌声、掌声，表达了老区人民对离休老同志的无限崇敬。江西省军区领导宣读了中央军委主席邓小平的命令，然后将一枚枚金光灿灿的功勋荣誉章佩戴在共和国的功臣胸前。

夫妻同时受勋传佳话

在 1988 年的红星功勋荣誉章受勋者中，有一批人特别惹人注目，他们一同在战争年代参加革命，又一同获得红星功勋荣誉章，他们是革命同志，也是人生伴侣，他们的名字与故事，是人民解放军授勋史上的佳话。

◎分别荣获一、二级红星功勋荣誉章的夫妇：

中国人民解放军原副总参谋长兼福州军区司令员杨成武、赵志珍夫妇

中央军委原委员、原总后勤部部长兼政委、中央军委原副秘书长洪学智、张文夫妇

原广州军区顾问赖春风、黄海云夫妇

中国人民解放军原副总参谋长王尚荣、黄克夫妇

中国人民解放军总医院原政委白崇友、王顺洪夫妇

原工程兵学院院长王兆相、刘静夫妇

原工程兵后勤部部长李基、权卫华夫妇

湖南省军区后勤部原部长汤池、冯甦夫妇

原北京军区政委朱良才、李开芬夫妇

原福州军区副司令员、副政委龙飞虎、孟瑜夫妇

原总后勤部副部长兼卫生部部长饶正锡、戴觉敏夫妇

原总后勤部卫生部部长张汝光、原军事医学科学院科技部部长何曼秋夫妇

原成都军区第二政委陈仁麒、黎萍夫妇

◎同时荣获二级红星功勋荣誉章的夫妇：

被毛泽东称为“革命伴侣”的红军夫妇戴福九、彭云

曾荣获“金婚佳侣荣誉奖”的河北省军区原顾问李振智、周起义夫妇

原后勤学院院务部部长毛普安、侯正芳夫妇

海军原第二政委王宏坤、冯明英夫妇

原兰州军区后勤部副部长肖志功、郭荣珍夫妇

原福州军区后勤部副政委、顾问杨家华、侯敏夫妇

河北省军区后勤部原政委、省军区原顾问张方明、高余屏夫妇

老红军王树清、刘文秀夫妇

湖南省军区后勤部原副政委谭世忠、王瑛夫妇

湖北省宜昌军分区原副政委张金台、胡开彩夫妇

原陆军第五十一医院政治委员陈树明、刘春夫妇

宁夏回族自治区政协原副主席李凯国、赖清林夫妇

浙江省军区原独立二师副师长赵明才、贾克林夫妇

江西省军区后勤部原政委罗友林、杨国群夫妇

老红军张绍德、姚素兰夫妇

做精致的珍品

中央军委领导对功勋荣誉章的设计，明确指示：一定要设计好，要使老干部喜欢，要有历史和时代的特点，可在全军范围内征集设计图案。

1987 年 8 月，总政治部正式向全军发出征集通知。一个月后，全军各大单位筛选推荐的 100 多套功勋荣誉章设计方案汇集到总政治部。经军内外美术专家们反复筛选，最后选定中国人民革命军事博物馆李明杰同志和解放军艺术学院马明扬同志的设计方案。

中央军委领导高度重视，三次审查两位设计者设计的功勋荣誉章的图案和样式，并提出了十分详尽的修改意见，对存放功勋荣誉章的盒子的设计也作出了专门指示。经过反复修改，功勋荣誉章最后定型投入生产。

1988 年 4 月，总政治部、总后勤部联名向中央军委、国务院提出拨给制作功勋荣誉章所需金银的报告，中央军委和国务院很快予以批准，中国银行及时拨给。

总后勤部接到中央军委赋予的制作功勋荣誉章的任务后，非常重视，立即责成有关部门和制作工厂，严格按照军委“做精致

的珍品”的要求制作。

制作功勋荣誉章的任务，落到了总后3522工厂的头上。该工厂立即组织了一支精明强干的队伍，全力投入功勋荣誉章的制作。

要做出精致的功勋荣誉章，制模工序最关键。要做出一个合格的生产母模，得历时一个星期经过多道工序才能完成。而精美的功勋荣誉章，材质是强度很高的金银合金。一个能冲压成千上万个铝制品的钢模，冲压200来个金银材质的功勋荣誉章，就会因变形裂缝而报废。为保证产品质量，制模车间加班加点，为冲压车间提供成倍的合格模具。

在冲压车间，十几台冲床隆隆作响。在一台冲床旁，4位工人师傅冲压、扶料、检验、监护，全神贯注地操作着。工人师傅说：冲压功勋荣誉章这个珍品比不得铝制品，稍不留神就糟蹋了贵重材料。

制作中的一级、二级红星功勋荣誉章

为严格保证功勋荣誉章含金量分别达到 7K、6K、5K、4K 标准，工厂研究所专门派两名同志去金银冶化厂监督，坚持每进 10 千克金银合金，都要连样送北京有色金属研究院验证。

在高温的涂漆车间，一排排手执细注射针管的女工，在往功勋荣誉章上涂漆。随后，一屉屉涂好漆的功勋荣誉章被送进附近的大型烘箱烘烤。谈起功勋荣誉章的外层装饰与保护，研究人员说：为了使功勋荣誉章达到色泽金黄的效果，我们决定“锦上添花”——在金银合金外再镀一层金。为了防止镀金层磨损，我们再涂一层耐磨损防腐蚀度很高的透明漆，可以使功勋荣誉章的表层呈现出饱满晶亮的水晶效果。

经过制作人员昼夜加班，精镂细刻，保证了 10 余万枚功勋荣誉章在八一前后颁发给全军的离休干部，佩戴在了他们的胸前。

勋章档案

图说勋章

中国人民解放军一、二级红星功勋荣誉章，采用红星和星火图案，象征在中国共产党领导下，工农革命之火呈现燎原之势。在五角星四周衬有光芒线，光芒四射的五角星，代表中国共产党，周边是镶有铆钉的盾牌图案，盾牌图案象征着军事斗争。盾牌外层是大小星火，代表呈燎原之势的中国工农武装。在星火外层，是10种红军时期使用过的兵器图案。外侧光芒线的10个角，象征十年土地革命战争。一、二级红星功勋荣誉章均为金银合金制作，直径都是4厘米，厚度为0.2厘米。

一级红星功勋荣誉章

重约 30.2 克
含金（7K 金）8.6 克
含银 21.6 克

二级红星功勋荣誉章

重约 29.5 克
含金（6K 金）7.2 克
含银 22.3 克

中国人民解放军独立功勋荣誉章，采用长城图案，象征中国人民为民族独立而筑成抗日的坚固长城。重约29克，金银合金制作，含金（5K金）5.9克，含银23.1克，直径4厘米，厚度0.2厘米。

胜利功勋荣誉章

中国人民解放军胜利功勋荣誉章，采用天安门和旗海图案，象征新中国的诞生和人民欢庆胜利。5 只羽翼相连、口衔麦穗的和平鸽环抱天安门和旗海，表达共和国成立时人民欢庆胜利和向往和平安定生活的心情。重约 28.3 克，金银合金制作，含金（4K 金）4.6 克，含银 23.7 克，直径 4 厘米，厚度 0.2 厘米。

李明杰 ▶ 一、二级红星功勋荣誉章设计者

因为工作关系，我能较多地了解我军和外军的勋章、奖章情况。在为军队离休干部设计功勋荣誉章时，我有一个强烈的愿望：一定要有深厚的民族风格和我军特色，注意和我军历史上颁发的勋章、奖章形成一个较为规范的系列。

一、二级红星功勋荣誉章的主体图案是红星和星火，瓷红色的五角星四周衬有天蓝色光芒线的是一级红星功勋荣誉章，衬有金色光芒线的是二级红星功勋荣誉章。

中间光芒四射的五角星，代表着中国共产党。环绕四周的，是周边钉有铆钉的盾牌图案，盾牌象征军事斗争。在中国古代，一个兵士执矛持盾的图案就象征“军事”。

盾牌外层的大小星火代表呈燎原之势的中国工农武装。在星火外层，是10种红军时期使用过的兵器图案。外侧光芒线的10个角，象征十年土地革命战争。

红星功勋荣誉章（设计草图）

一级红星功勋荣誉章图案

马明扬 ▶ 独立功勋荣誉章和胜利功勋荣誉章设计者

在设计独立功勋荣誉章主体图案时，我想起了一句歌词：“把我们的血肉，筑成我们新的长城！”有人问我，为什么不设计成延安宝塔山，我说应该尊重历史，抗日战争是一场全民族的反对外来侵略的战争，而长城是中华民族抵御外侮最有代表性的象征。

在具体构思中，我经历了图案化和写实性冲突的矛盾。起初为避免长城图案化带来的单薄感，我画了一幅高大的长城仰视图，但忽视了长城宏伟壮观的气势。后来又设计了一幅长城俯视图，又感到图案复杂，中心不突出。之后几易其稿，才有了今天这个样子：一段呈“S”形的缀有远、中、近3个城楼的长城，延伸在起伏的山峦上。最前的一座城楼高大醒目，写实感强，其后一段长城随山势起伏蜿蜒而去，渲染了长城的宏伟气势，这样较好地处理了局部突出和整体宏伟效果的统一关系。环抱主体图案的是长城垛口图案，它和其上方光芒四射的五角星，象征着以中国共产党为主体的抗日统一战线。外轮廓光芒线的8个角，寓

独立功勋荣誉章（设计草图）

意中国人民抗日战争的胜利。

胜利功勋荣誉章层次分明，浮雕感强。这个章从最初的设计到最后成型，经过了大小20余次的修改。起初，我设计的中心图案上只有天安门和一杆国旗。后来根据大家的意见，将一杆国旗换成了旗海，把天安门的摆向从正面改成稍向右侧，给旗海增添了动感。5只羽翼相连、口衔麦穗的和平鸽环抱天安门和旗海的主体构思，比较完整地表达了共和国成立时，人民欢庆胜利和向往和平安定生活的心情。

胜利功勋荣誉章（设计草图）

受勋者档案

截至1988年底，全军共有835人获一级红星功勋荣誉章，3721人获二级红星功勋荣誉章；50159人获独立功勋荣誉章；53159人获胜利功勋荣誉章。1995年7月8日，中央军委再次发布命令，授予北京军区和济南军区10名老红军、老八路红星功勋荣誉章或独立功勋荣誉章，其中获得红星功勋荣誉章者2人。

受勋者的优待

《中华人民共和国中央军事委员会关于授予军队离休干部中国人民解放军功勋荣誉章的规定》第九条规定了对授予功勋荣誉章的人员在军内给予优待：

（1）根据实际情况，安排他们参加重大节日集会和阅兵活动，有的可以安排上主席台、观礼台、检阅台；

（2）根据实际情况，邀请他们观看所在地区部队的军事演习；

（3）根据实际情况，优先聘请在某方面有专长或者有建树的人员担任荣誉职务；

（4）发给定额荣誉金。

授予军队离休干部功勋荣誉章，对提高他们的社会地位，增强他们的荣誉感和责任感，激励他们保持和发扬革命优良传统，继续为军队建设和社会主义现代化建设作出新的贡献都具有重要意义。给予他们一定的政治上和物质上的优待，为他们安度晚年创造一定的条件，也是非常必要的，体现了党和国家对军队离休干部的关怀，也表达了全国各族人民和全军指战员尊敬革命前辈的心愿。

一级红星功勋荣誉章获得者

军委及各总部	徐向前、聂荣臻、萧劲光、谭　政、王　平 杨得志、余秋里、张爱萍、陈锡联、耿　飚 韦国清、廖汉生、吕正操、李　达、李聚奎 杨成武、陈再道、伍修权、王尚荣、何正文 孙　毅、孔　原、江　文、周　桓、彭明治 苏　静、吴　彪、彭富九、陈福初、钱　江 张正光、王永浚、马文波、姜　钟、冯维精 肖　森、李永悌、肖荣昌、陈亚夫、石敬平 杨　卓、贺俊侦、黄文明、周　涌、樊哲祥 黄　萍、范阳春、吴钊统、龙振彪、黎东汉 颜吉连、曾庆良、熊梦飞、张　明、刘少卿 张　瑞、王光华、杜　屏、蓝　侨、曹宇光 张达志、宋承志、吴信泉、孔从洲、苏　进 欧阳毅、陈锐霆、廖鼎祥、谢　良、钟　辉 丁本淳、杨银声、李元明、廖鼎琳、林胜国 黄新廷、莫文骅、贺晋年、程世才、姚国民 麻志皓、裴周玉、孙　三、王　屏、赵　杰 邓家泰、林　彬、陈士榘、王六生、胡奇才 徐国贤、廖述云、刘月生、李良汉、唐　凯 薛克忠、贺光华、邓东哲、徐光友、严庆堤 张国传、邱子明、李大同、王兆相、李　基 肖大荃、顾　鸿、吴振挺、余　潜、彭清云 刘清明、柴成文、王兴纲、李福尧、刘　瑄 黄有凤、曾宪池、莫春和、王兰麟、傅　钟

军委及各总部	黄玉昆、颜金生、朱云谦、史进前、华　楠 蔡顺礼、谷景生、李　贞、魏传统、曹广化 李　伟、袁　光、刘　汉、陈其通、邱　岗 罗　章、苏锦章、李人林、朱　光、胡立声 曹玉清、旷伏兆、何辉燕、郭延林、罗华生 徐　斌、刘居英、张子明、王贵德、罗亦经 王　亢、汪祖美、张崇文、沈鸿林、罗洪标 张宗逊、饶正锡、张贤约、唐天际、贺　诚 李　耀、万　毅、周文龙、杨秀山、李雪三 李　真、曹思明、贺　彪、胥光义、李　元 范子瑜、王政柱、张汝光、封永顺、喻缦云 李开湘、严　俊、张明远、阎捷三、何德庆 邱国光、苏焕清、殷承祯、桂绍忠、贺盛桂 金振中、杨虎臣、颜青云、李汛山、曹　诚 吴　杰、胡友之、涂通今、程坤源、白崇友 况玉纯、方　震、高文智、张步峰、雷　震 丁先国、余嗣贵、刘福胜、申　涵、董洪国 黄胜明、秦光远
海军	叶　飞、刘道生、方　强、周希汉、周仁杰 方正平、彭　林、马忠全、杨国宇、郑国仲 卢仁灿、李君彦、吴　罡、张汉丞、曾克林 段德彰、桂绍彬、黄忠学、朱　军、戴润生 吴　西、胡鹏飞、来光祖、王　晓、罗　斌 蔡长风、袁意奋、易耀彩、杨　力、宋景华 赵汇川、谢正浩、李长如、魏天禄、江学彬 刘　义、左　爱、范朝福、林　真、何　辉

海军	靳　虎、徐明德、杨怀珠、詹少联、蔡长元 冯仁恩、杜西书、李树荣、康烈功、于　佚 殷国洪、宋献璋、康　庄、王学清、张宜步 郑友生、罗文华、肖　平、刘世湘、赵晓舟 兴　中、张　华、吕作松、谭天哲
空军	张廷发、高厚良、曹里怀、成　钧、吴富善 邝任农、何廷一、王定烈、薛少卿、李世安 石忠汉、王毓淮、赵兰田、杨思禄、漆远渥 刘懋功、李赤然、肖　前、杨焕民、张雍耿 李中权、谢　斌、佘　非、关盛志、裴志耕 方子翼、林接标、吕黎平、程　明、刘　镇 袁学凯、袁　彬、龙道权、方　槐、王德贵 黄径琛、吴宗先、陈　熙、沈启贤、魏国运 周　彬、罗　平、黄炜华、赵正洪、戚先初 常仲连、刘自双、崔文斌、朱兆林、肖志贤 瞿道文、叶泰清、夏伯勋、陈兴畴、谢锡玉 刘　昂、李发应、王作尧、吴　恺、王香雄 沙　克、胡立信
第二炮兵	李水清、陈鹤桥、崔田民、王宗槐、廖成美 符先辉、严家安、盛治华、刘友光、卢南樵 吕义山、张世盖、王海清、张柱国、陈　波 白寿康

国防科工委	陈　彬、刘有光、罗元发、唐延杰、张贻祥 栗在山、彭方复、贾乾瑞、李福泽、张震寰 李如洪、杨　恬、李东野、彭施鲁、曾凡有 张志勇、董启强
国防大学	萧　克、刘志坚、林　浩、段苏权、陶汉章 王平水、赵冠英、谢有法、刘　忠、黄　远 袁　渊、刘瑞芳、苏宏道、李　治、高　林 伍瑞卿
军事科学院	宋时轮、梁必业、刘　震、阎揆要、钟期光 舒　同、郭化若、张翼翔、谭知耕、王蕴瑞 张献奎、王智涛、叶楚屏、高德西、童陆生
北京军区	朱良才、袁升平、傅崇碧、韩　伟、陈正湘 徐深吉、张南生、王紫峰、吴　烈、肖思明 王振祥、肖选进、肖文玖、张云龙、宋玉琳 杜文达、康　林、马　辉、汪　易、潘　焱 罗应怀、吴　岱、陈　祥、赵　熔、刘华香 曾　美、张英辉、范忠祥、张平凯、王英高 罗文坊、肖　锋、杨永松、陈金钰、帅　荣 甘思和、潘　峰、朱绍田、黄光霞、翁祥初 汪克明、陶国清、颜东山、范普权、陈宜贵 董永清、游胜华、朱玉学、曾新泮、杜瑜华 曾　威、郑旭煜、黄作珍、许志奋、李钟奇 钟辉琨、杨　森、邹国厚、王元和、钟元辉 许　诚、肖永正、曹中南、刘　彬、卢　克 王茂全、贺　明、杨明山、魏洪亮、李庆柳 李布德、郑效峰、谢国仪、曾保堂、李佐玉 廷　懋、孔　飞、黄　厚、刘　昌、孙继争 邓经纬

沈阳军区	王辉球、曾思玉、贺庆积、曾雍雅、邓　岳 张竭诚、刘永源、游好扬、汪家道、张　午 贺　健、陈信忠、吴子杰、何友发、杨中行 曹德连、程登志、王海廷、蔡　永、王良太 唐青山、朱士焕、陈美福、蒋克诚、张宗胜 石　瑛、彭　盛、雷　钦、颜文斌、桂生芳 叶荫庭、张　英、龚兴贵、李道之、邱会魁 赵鹤亭、巫金峰、贺吉祥、杜国平、王明贵 刘转连、罗坤山、邹　衍、杨俊生
济南军区	饶守坤、陈仁洪、孔石泉、曾绍山、范朝利 熊作芳、张如三、欧阳平、孙继先、傅家选 左　齐、陈美藻、李　勃、何志远、方　正 郑三生、张树芝、唐　明、黄玉庭、李大清 童国贵、唐健如、罗仁全、李振邦、颜　伏 罗　杰、孔瑞云、赵　峰、邹善芳、丁武选 徐光华、傅春早、伍国仲、任昌辉、曹灿章 余克勤、胡尚礼
南京军区	聂凤智、江拥辉、杜　平、肖望东、丁秋生 张力雄、王必成、钱　钧、饶子健、赖　毅 刘西元、张　藩、卢　胜、鲍先志、胡炳云 何以祥、詹大南、段焕竞、熊应堂、陈德先 王静敏、黄振棠、孙克骥、吴仕宏、胡大荣 钟国楚、王文模、严　光、赵　俊、张玉华 郭金林、朱绍清、朱耀华、张显扬、龙飞虎 何云峰、尹明亮、邓少东、谢云晖、余洪远

南京军区	赖光勋、孔俊彪、曾旭清、李世焱、刘文学 王　德、肖新春、张文碧、林忠照、陈　钦 邓仕俊、黎　光、钟发生、官俊亭、李光辉 熊兆仁、陈忠梅、张新华、朱直光、张　政 王建青、宋　文、陈茂辉、刘耀宗、杨广立 黎同新、汪运祖、喻新华、彭　飞、陈士法 阙中一、余光茂、柴书林、曾如清、常玉清 周文在、张潮夫、傅绍甫、李国厚、王义勋 朱鹤云、林乃清、陈　挺、刘　林、王　胜 刘亨云、钟贤文、万振西、戴克林、钟发宗 方明胜、彭胜标、周明国、余　明、马琮璜 阮贤榜、张春森、高朗亭、吴嘉民、刘振球 郭廷万、张闯初、汤光恢、倪南山、胡定千 罗元炘、彭寿生、舒　行、陈　浩、罗维道 龙　潜、廖海光、王　直
广州军区	詹才芳、彭嘉庆、刘昌毅、庄　田、邓逸凡 张才千、周世忠、严　政、孔庆德、肖元礼 江燮元、欧致富、黄荣海、陈海涵、叶建民 杨树根、赖春风、鲁瑞林、吴　忠、李化民 任　荣、吴瑞山、张秀龙、何运洪、谢镗忠 叶　明、邬兰亭、张日清、周志刚、闵学胜 雷起云、潘振武、肖永银、钟文法、谢胜坤 崔建功、徐国夫、宁维栻、吴纯仁、魏佑铸 刘子云、韩　庄、廖中符、焦玉山、刘兴隆 周庆鸣、赵复兴、陈志彬、陈青山、高先贵

广州军区	熊　飞、郝盛旺、毛和发、周志飞、冉　泽 段志清、李仕才、王奎先、覃国翰、黄忠诚 袁福生、钟明彪、何能彬、王力生、李俭珠 程启文、卢文新、贺东生、方国安、曾敬凡 方国南、汤　池、郑贵卿、杨大易、彭龙飞 陈炎清、周家美、王泮清、胡登高、罗　通 张培荣、汪乃贵、杨克武、江鸿海、罗有荣 马白山
成都军区	李文清、余述生、鲁加汉、徐其孝、王东保 赵文进、胡继成、陈明义、王焕如、杨以山 丁甘如、温先星、张耀祠、路　遐、张铚秀 谢振华、查玉昇、胡荣贵、张海棠、王砚泉 刘振国、廖步云、张水发、梁天喜、丁荣昌 李　彬、熊　奎、金世柏、刘华春、董家龙 朱玉庭、王银山、阳自碧、张行忠
兰州军区	王恩茂、杜义德、郑维山、肖全夫、谭友林 谭善和、陈先瑞、陈　康、张希钦、吴华夺 徐国珍、陈　宏、伍生荣、王扶之、熊　晃 刘发秀、何光宇、黄经耀、郑本炎、李书茂 谭开云、梁仁芥、金忠藩、王庆生、段思英 蓝文兆、牛化东、龚兴业、朱家胜、张英明 胡正平、张贤良、张开基、马洪山、王文英 曾　征、王明坤、陈克功、吕仁礼
增授	谢家祥、任思忠、滕海清、解长林、王　彬 贾若瑜、赵承金
武警部队	吕　展

受勋者说

一枚枚金光闪闪的功勋荣誉章，记载着人民军队的光荣历史，也彰显出革命军人的无上荣耀！

杨树海 ▾

曾跟随毛泽东主席转战陕北，荣获过“边区战斗英雄”称号，二级红星功勋荣誉章获得者

1948 年，我当指导员，定边城一仗下来，全连 120 人只剩下 25 人。功勋荣誉章应属于他们啊！

曹怀银 ▾

当年陕甘宁边区大生产劳动英雄、老红军，离休后致力于绿化荒山，人称“宝塔山下不老松”，二级红星功勋荣誉章获得者

我一生没有为党作什么大的贡献，现在身体也不听使唤了，领了功勋荣誉章后，怎么报答党和人民的关怀呢？

赵基金 ▾

红军老战士，黄冈授勋，二级红星功勋荣誉章获得者

当年参加黄麻起义和长征的战友大部分都牺牲了，作为幸存者，我有责任代表他们把党和人民给予的荣誉亲自领回来，献给他们，让他们的红星永远在红安这块土地上闪光，并把功勋荣誉章当作传家宝，世世代代传下去！

陈颜秀▼

老红军，赣州授勋

我们走上革命道路，每一步都离不开党的指引。长征途中，有一次我虚弱得差一点掉队，是贺老总要我抓住他的马尾巴翻过山河的。

顾玉平▼

长征路上当过周恩来警卫员，赣州授勋

谢谢党，谢谢人民，我一定不辜负党和人民的厚爱，为老区的振兴发挥余热！

XUN ZHANG

“五章一簿”功勋荣誉

英雄模范是民族最闪亮的坐标。党的十八大以来，以习近平同志为核心的党中央高度重视功勋荣誉表彰工作，习近平总书记多次对党和国家功勋荣誉表彰工作作出重要指示，强调要充分发挥党和国家功勋荣誉表彰的精神引领、典型示范作用，推动全社会形成见贤思齐、崇尚英雄、争做先锋的良好氛围。为此，党中央决定构建“1+1+3”的党和国家功勋荣誉表彰制度体系。

勋章的诞生

党的十八大以来，党中央决定构建“1+1+3”的党和国家功勋荣誉表彰制度体系，即党中央制定一个指导性文件，全国人大常委会制定一部法律，有关方面分别制定党内、国家、军队 3 个功勋荣誉表彰条例。

2015 年 12 月 25 日，中共中央印发了《关于建立健全党和国家功勋荣誉表彰制度的意见》。2015 年 12 月 27 日，十二届全国人大常委会第十八次会议表决通过了《中华人民共和国国家勋章和国家荣誉称号法》，于 2016 年 1 月 1 日开始施行。2016 年 4 月，党中央决定成立党和国家功勋荣誉表彰工作委员会，负责统筹协调党和国家功勋荣誉表彰工作。委员会成立后，加强总体谋划，创造性开展工作，多次召开委员会会议，以及地方、部门和专家学者座谈会，深入研究论证，广泛征求意见，起草制定了党内、国家、军队 3 个功勋荣誉表彰条例。

2017年7月，由党和国家功勋荣誉表彰工作委员会制定的《中国共产党党内功勋荣誉表彰条例》《国家功勋荣誉表彰条例》《军队功勋荣誉表彰条例》《“共和国勋章”和国家荣誉称号授予办法》《“七一勋章”授予办法》《“八一勋章”授予办法》《“友谊勋章”授予办法》经中共中央批准实施，标志着功勋荣誉表彰制度体系的“四梁八柱”已经搭建形成，我国建立起党、国家、军队功勋簿，确立了以“五章一簿”为主干的统一、规范、权威的功勋荣誉表彰制度体系。其中，“五章”是指“共和国勋章”“七一勋章”“八一勋章”“友谊勋章”以及国家荣誉称号；“一簿”是指功勋簿。

2022年2月，中共中央、国务院、中央军委印发了《军队功勋荣誉表彰条例》，同步启用新时代军队勋章、奖章、纪念章。新的勋章、奖章、纪念章聚焦胜战、聚力强军，设计精美、承载厚重，对于激励全军官兵奋力实现建军百年奋斗目标，具有重要意义。其中，勋章除规定原“八一勋章”为军队的最高荣誉勋章外，重构了战时功勋荣誉表彰项目，新设立了“红旗勋章”和“红星勋章”，为战时功勋荣誉勋章。

为适应我军维护国家海外利益需要和对外合作交流需求，《条例》单设了“军队涉外功勋荣誉表彰”一章，明确我军对外方人员实施功勋荣誉表彰，设立了对外国外军人员表彰的“和平勋章”。

人民日报
RENMIN RIBAO
人民网网址：http://www.people.com.cn

2022年2月
9
星期三
壬寅年正月初九
人民日报社出版
国内统一连续出版物号
CN 11-0065
代号1-1
第26877期
今日20版

中共中央、国务院、中央军委印发《军队功勋荣誉表彰条例》

新华社北京2月8日电 近日，中共中央、国务院、中央军委印发了《军队功勋荣誉表彰条例》（以下简称《条例》），并发出通知，要求各地区各部门认真遵照执行。

《条例》坚持以习近平新时代中国特色社会主义思想为指导，深入贯彻习近平强军思想，深入贯彻新时代军事战略方针，着眼实现党在新时代的强军目标，把人民军队全面建成世界一流军队，突出为战励战，加强体系设计，构建富有新时代特色、符合新体制特点、体现新使命要求、全面聚焦备战打仗的军队功勋荣誉表彰体系。

《条例》按照勋章、荣誉称号、奖励、表彰、纪念章等，区分战时平时、打仗领域、人员类别，对军队功勋荣誉表彰体系进行全面重塑。《条例》创新设立指挥员功勋荣誉表彰措施，体系设计聚焦胜战、聚力强军的勋章奖章纪念章，统一规范军队功勋荣誉表彰获得者待遇，丰富荣誉褒扬激励形式。《条例》还对军队涉外功勋荣誉表彰作了规范。

《条例》的颁布施行，对完善党和国家功勋荣誉表彰制度体系，增强军事职业吸引力和军人使命感、荣誉感，教育引导官兵发扬我军大无畏的英雄气概和英勇顽强的战斗作风，激励全军官兵奋力实现建军百年奋斗目标，具有重要意义。**（相关报道见第二版）**

2022年2月8日，中共中央、国务院、中央军委印发《军队功勋荣誉表彰条例》

勋章授予谁

新确立的党和国家功勋荣誉表彰制度体系，对勋章授予人群、授予条件、授予时间等均做了明确的规定。

共和国勋章

“共和国勋章”授予为党、国家和人民的事业作出巨大贡献，功勋卓著的杰出人士，这是根据宪法法律规定，由全国人大常委会决定、国家主席签发证书并颁授的国家勋章，是国家最高荣誉。把国家勋章的名称定为“共和国勋章”，是由于“共和国”一词寄托着中华民族伟大复兴的梦想，有利于增强全中国人民对国家的认同感和向心力，能涵盖为国家建立卓越功勋的各类杰出人士。

《中华人民共和国国家勋章和国家荣誉称号法》规定，2016年1月1日以后去世且符合条件的已故人员可以追授。在此之前去世的老一辈革命家以及其他为建立新中国和社会主义现代化建设作出卓越贡献的人士，他们的不朽英名和丰功伟绩永载史册，为子孙后代永远铭记和尊崇，但从法律溯及力等因素考虑，不再追授。

“共和国勋章”一般每5年授予1次，在中华人民共和国成立“逢五、逢十”周年时进行，有需要时可以及时授予。

“共和国勋章”作为国家最高荣誉，主要体现在精神层面，其获得者应当受到尊重并享有相应礼遇：主要是设立功勋簿记载“共和国勋章”获得者及其功绩；“共和国勋章”获得者享有受邀参加国家庆典和其他重大节日集会等崇高礼遇；国家和社会通过多种形式，宣传“共和国勋章”获得者的卓越功绩和先进事迹等。

七一勋章

“七一勋章”授予在中国特色社会主义伟大事业和党的建设新的伟大工程中作出杰出贡献、创造了宝贵精神财富的党员，这是由中共中央决定、中共中央总书记签发证书并颁授的党内最高荣誉。

“七一勋章”通过评授和普授两种方式产生，特殊情况下可以由党中央直接授予。评授指评选授予，按设定条件好中选优，评选确立，一般每5年授予1次，在中国共产党成立“逢五、逢十”周年时进行，有需要时可以及时授予。普授指普遍授予，根据特定历史时期的任务、特点确定基本条件，凡符合基本条件的参与者，参加者均可授予。中央组织部提名“七一勋章”授予人选。经党和国家功勋荣誉表彰工作委员会审查，报党中央决定。“七一勋章”可以追授。

“七一勋章”获得者及其功绩载入党、国家、军队功勋簿。“七一勋章”获得者可以受邀参加党和国家庆典和其他重大活动，列席党的重要会议。党中央在中国共产党成立纪念日或者其他重要节日对“七一勋章”获得者进行慰问，也可以委托中央组织部或者有关党组织进行慰问。

八一勋章

“八一勋章”授予在维护国家主权、安全、发展利益，推进国防和军队现代化建设中，作出巨大贡献，建立卓越功勋，在全国、全军有深远影响的军队人员，这是由中央军委决定、中央军委主席签发证书并颁授的军队最高荣誉。一般每 5 年授予一次。

2017 年 6 月，经中央军委主席习近平批准，中国军队新设立“八一勋章”，并组织开展首次评选。

根据中央军委批准的评选颁授方案，“八一勋章”评选条件有四项：第一，信念坚定，对党绝对忠诚，政治意识、大局意识、核心意识、看齐意识牢固，坚决维护权威、维护核心、维护和贯彻军委主席负责制，在思想上政治上行动上始终与以习近平同志为核心的党中央保持高度一致，坚决听从党中央、中央军委和习主席指挥；第二，实绩优异，聚焦聚力练兵备战，忠实履行使命职责，在促进战斗力生成提高、完成作战等重大任务、推进科技兴军、推动国防和军队现代化建设中作出杰出贡献，建立卓越功勋，是本系统本行业的标杆；第三，作风过硬，模范践行社会主义核心价值观和当代革命军人核心价值观，自觉实践“三严三实”和“四铁”要求，忠诚、干净、担当，始终保持“四有”

新一代革命军人良好形象，特别是在廉洁自律方面要非常过硬；第四，群众公认，在部队官兵中具有很高威信，在军内外享有高度赞誉、产生重大影响，堪称忠诚践行强军目标的时代楷模。颁授对象原则上应获得过一等功以上奖励。

友谊勋章

“友谊勋章”全称中华人民共和国“友谊勋章”，授予为我国社会主义现代化建设和促进中外交流合作、维护世界和平作出杰出贡献的外国人，这也是根据宪法法律规定，由全国人大常委会决定、国家主席签发证书并颁授的国家勋章。“友谊勋章”是中国国家对外最高荣誉勋章。《中华人民共和国国家勋章和国家荣誉称号法》明确规定，国家主席进行国事活动，可以直接授予外国政要、国际友人等人士“友谊勋章”。

国家荣誉称号

国家荣誉称号授予在经济、社会、国防、外交、教育、科技、文化、卫生、体育等各领域各行业作出重大贡献、享有崇高声誉的杰出人士。国家荣誉称号的名称冠以“人民”，如“人民科学家”“人民教育家”“人民艺术家”“人民英雄”等，也可以使用其他名称，具体名称由全国人民代表大会常务委员会在决定授予时确定。一般每 5 年授予 1 次，在中华人民共和国成立“逢五、逢十”周年时进行，有需要时可以及时授予。

勋章故事

隆重的授勋典礼

共和国 70 周年授勋

2019 年 9 月 29 日，中华人民共和国国家勋章和国家荣誉称号颁授仪式在北京人民大会堂隆重举行。上午 10 时许，礼兵护送着国家勋章和国家荣誉称号奖章庄严入场。中共中央总书记、国家主席、中央军委主席习近平为国家勋章和国家荣誉称号获得者颁授勋章奖章并发表重要讲话。习近平总书记强调：“今天我们以最高规格褒奖英雄模范，就是要弘扬他们身上展现的忠诚、执着、朴实的鲜明品格。”

2019 年 9 月 29 日，中华人民共和国国家勋章和国家荣誉称号颁授仪式在人民大会堂隆重举行

中华人民共和国国家勋章和国家荣誉称号颁授仪式现场

“伟大出自平凡，平凡造就伟大。”获得共和国殊荣的国家英雄们，无一不是在平凡的岗位上造就了不平凡的功绩。从中国第一代核潜艇总设计师黄旭华到“两弹一星”元勋孙家栋，从历经战火洗礼的志愿军一级英雄李延年到60余年深藏功与名的张富清，从杂交水稻研究开创者袁隆平到毕生致力于中医药研究的屠呦呦，还有一生扎根基层的农村先进模范申纪兰、人民教育家于漪……他们的事迹和贡献永远写入了共和国史册！

为抗疫模范人物授勋

2020年9月8日上午，全国抗击新冠肺炎疫情表彰大会在北京人民大会堂隆重举行。为了表彰在抗击新冠肺炎疫情斗争中作出杰出贡献的功勋模范人物，弘扬他们忠诚、担当、奉献的崇高品质，根据第十三届全国人民代表大会常务委员会第二十一次会议的决定，授予钟南山“共和国勋章”，授予张伯礼、张定宇、陈薇“人民英雄”国家荣誉称号。这是我国继2019年首次开展国家勋章和国家荣誉称号颁授后，第二次授予“共和国勋章”和国家荣誉称号。

建党 100 周年授勋

弘扬功勋模范精神，奋进伟大复兴征程。2021 年 6 月 29 日上午，庆祝中国共产党成立 100 周年“七一勋章”颁授仪式在北京人民大会堂金色大厅隆重举行。

8 时 45 分，“七一勋章”获得者集体乘坐礼宾车从住地出发，由国宾护卫队护卫前往人民大会堂。人民大会堂东门外，高擎红旗的礼兵分列道路两侧，18 名礼兵在台阶上持枪伫立，青少年热情欢呼致意。“七一勋章”获得者沿着红毯拾级而上，进入人民大会堂东门。党和国家功勋荣誉表彰工作委员会有关领导同志等，在这里集体迎接他们到来。

人民大会堂三楼金色大厅，气氛热烈庄重。巨幅红色背景板上，“七一勋章”图案熠熠生辉。背景板前，18 面鲜艳的红旗分列两侧，18 名英姿挺拔的解放军仪仗队礼兵在授勋台两侧持枪伫立。

9 时 58 分，伴着欢快的乐曲，习近平总书记同“七一勋章”获得者一同步入会场。10 时整，解放军军乐团号手吹响仪式号角，颁授仪式开始。2 名旗手高擎党旗，1 名礼兵手捧“七一勋章”，迈着雄健的步伐，行进到仪式现场。在雄壮的《忠诚赞歌》乐曲声中，习近平总书记为“七一勋章”获得者颁授勋章，并同他们亲切握手，表示祝贺。少先队员向勋章获得者献上美丽的鲜花，敬礼致意。

在全场热烈的掌声中，习近平总书记指出，今天受到表彰的“七一勋章”获得者，就是各条战线党员中的杰出代表。在他们身上，生动体现了中国共产党人坚定信念、践行宗旨、拼搏奉献、廉洁奉公的高尚品质和崇高精神。

习近平总书记强调，新时代是需要英雄并一定能够产生英雄

2 名旗手高擎党旗，1 名礼兵手捧“七一勋章”，行进到仪式现场

少先队员向“七一勋章”获得者献花，敬礼致意

的时代。中国共产党要始终成为时代先锋、民族脊梁，党员队伍必须过硬。希望受到表彰的同志珍惜荣誉、发扬成绩，争取更大光荣。各级党组织要从工作和生活上关心爱护功勋党员，大力宣传“七一勋章”获得者的感人事迹和崇高品德，在全党全社会形成崇尚先进、见贤思齐的浓厚氛围，激励广大党员、干部牢记党的性质宗旨，牢记党的初心使命，不懈奋斗，永远奋斗，在全面建设社会主义现代化国家新征程上，向着第二个百年奋斗目标、向着中华民族伟大复兴的中国梦奋勇前进。

颁授仪式后，习近平等领导同志同“七一勋章”获得者合影留念。

建军 90 周年授勋

2017 年建军 90 周年前夕，中央军委主席习近平签署命令，授予在维护国家主权、安全、发展利益，推进国防和军队现代化建设中建立卓越功勋的原 91708 部队副部队长麦贤得、海军工程大学电气工程学院电力电子技术研究所主任马伟明、空军指挥学院原训练部副部长李中华、96722 部队 71 分队班长王忠心、解放军航天员大队航天员景海鹏、原国防科工委科学技术委员会正军职常任委员程开甲、山东省枣庄军分区政治委员韦昌进、武警新疆维吾尔自治区总队某支队支队长王刚、原 81032 部队副军职调研员冷鹏飞、云南省公安边防总队普洱市支队支队长印春荣等同志“八一勋章”。

时代楷模光耀强军征程，至高荣誉彰显卓越功勋。2017 年 7 月 28 日，中央军委颁授“八一勋章”和授予荣誉称号仪式在北京隆重举行。中共中央总书记、国家主席、中央军委主席习近平向“八一勋章”获得者颁授勋章和证书。

八一大楼仪式现场，官兵代表整齐列队，气氛庄重热烈。上午10时，18名礼兵正步入场，持枪伫立两侧，授勋仪式开始，全场齐声高唱国歌。习近平主席依次为麦贤得、马伟明、李中华、王忠心、景海鹏、程开甲、韦昌进、王刚、冷鹏飞、印春荣等获得“八一勋章”的同志佩挂勋章、颁发证书，并同他们亲切握手、合影留念。

在中国人民解放军建军90周年之际，中央军委首次颁授“八一勋章”，充分体现了对英模典型的崇高敬意和高度褒奖，极大地提振了军心士气，激发了昂扬斗志，激励全军汇聚起为实现中国梦强军梦而奉献的强大正能量。

建军95周年授勋

在庆祝中国人民解放军建军95周年之际，中央军委主席习近平签署命令，授予南部战区陆军某扫雷排爆大队一级上士杜富国、原解放军理工大学国防工程学院爆炸冲击防灾减灾国家重点实验室教授钱七虎、解放军航天员大队特级航天员聂海胜等同志“八一勋章”。

2022年7月27日，中央军委在北京隆重举行颁授“八一勋章”和荣誉称号仪式。中共中央总书记、国家主席、中央军委主席习近平向“八一勋章”获得者颁授勋章和证书，向获得荣誉称号的单位颁授荣誉奖旗。

八一大楼仪式现场，部队官兵和文职人员代表整齐列队，气氛庄重热烈。下午4时，18名持枪礼兵正步入场、伫立两侧，颁授仪式开始，全场高唱国歌。中共中央政治局委员、中央军委副主席许其亮宣读习近平主席签署的中央军委授予“八一勋章”和荣誉称号的命令，中共中央政治局委员、中央军委副主席张又侠主持仪式。

杜富国、钱七虎、聂海胜等获得“八一勋章”的同志依次上前，习近平主席为他们佩挂勋章、颁发证书，同他们合影留念。

随后，习近平主席向获得“模范地空导弹营”荣誉称号的空军地空导弹兵某部二营颁授荣誉奖旗。

向国际友人授勋

2018 年 6 月 8 日，国家主席习近平在北京人民大会堂金色大厅向俄罗斯总统普京授予首枚中华人民共和国“友谊勋章”。在颁授仪式上，习近平主席指出，普京总统是具有世界影响的大国领袖，也是中国人民的老朋友、好朋友。正是得益于普京总统多年来的高度重视和亲自推动，中俄关系经受住国际风云变幻的考验，政治和战略互信不断深化，各领域务实合作得到长足发展，两国人民友谊不断深化。高水平的中俄关系造福了两国人民，堪称当今世界大国、邻国和谐共处的典范，为推动构建新型国际关系、构建人类命运共同体作出了重要贡献。

2019 年 4 月 28 日，习近平主席将第二枚“友谊勋章”颁授给了哈萨克斯坦首任总统纳扎尔巴耶夫。2013 年，习近平主席在哈萨克斯坦首次提出共建丝绸之路经济带倡议，纳扎尔巴耶夫和哈萨克斯坦社会各界第一时间热烈响应。在共建“一带一路”框架内，中哈又率先开展产能合作，深化发展战略对接，实施了一系列重大合作项目。

在颁授仪式上，习近平主席指出，纳扎尔巴耶夫首任总统是具有国际威望的政治家，也是中哈全面战略伙伴关系的缔造者和推动者。在他和中国领导人共同引领、推动下，中哈关系始终保持高水平运行，结出累累硕果，为维护地区乃至世界和平稳定作出了重要贡献。

2019 年 9 月 17 日，国家主席习近平签署主席令，授予劳尔·卡斯特罗·鲁斯（古巴）、玛哈扎克里·诗琳通（女，泰国）、萨利姆·艾哈迈德·萨利姆（坦桑尼亚）、加林娜·维尼阿米诺夫娜·库利科娃（女，俄罗斯）、让-皮埃尔·拉法兰（法国）、伊莎白·柯鲁克（女，加拿大）“友谊勋章”。9 月 29 日上午，习近平主席向六位国际友人颁发了“友谊勋章”。

2020 年 11 月 6 日，国家主席习近平在人民大会堂为柬埔寨太后莫尼列举行中华人民共和国“友谊勋章”颁授仪式。习近平主席表示，莫尼列太后是中柬友好的重要见证者和推动者。1958 年，莫尼列太后首次陪同西哈努克亲王来华，从此同中国结下不解之缘。60 多年来，莫尼列太后积极投身中柬友好事业，见证了新中国发展历程。莫尼列太后对中国人民抱有特殊感情，积极支持两国各领域交往合作，为促进中柬关系发展、增进两国人民友谊作出了杰出贡献。这枚沉甸甸的“友谊勋章”，代表了中国人民对莫尼列太后的崇敬之情和对柬埔寨人民的深厚情谊，也象征着中柬两国亲密无间的友好感情。祝愿中柬两国繁荣昌盛、人民幸福安康。祝愿两国人民友谊地久天长。

◎马毛姐：带伤三次运送解放军渡长江

1935 年，马毛姐出生在安徽省无为县（今无为市）马家坝村一个渔民家庭，家里共有 8 个兄妹，家境贫寒。打小，她就被抱给别人当童养媳。在长江边长大的她，早早就学会了划船和潜水。

1949 年春天，解放军准备强渡长江。无为的民众纷纷挑米担柴，修路挖河，提供船只，忙着各项支前工作。年仅 14 岁的马毛姐也参与其中，并跟着哥哥去听动员会，报名参加了渡江突击队。那一年的 4 月 20 日夜，渡江战役正式打响。当天晚上，马毛姐和哥哥划着船与其他 3 条船组成渡江突击队，载着 30 名解放军战士从无为县白茆洲向长江南岸进发。

由于马毛姐年龄小，她在出发时，被解放军战士拦了下来，不让她上船。“我会水，不怕死。我看到自家渔船改成的运输船上坐了二三十个战士，我心情十分激动。”马毛姐回忆，自己趁别人不注意，偷偷地撑着篙，一下子就跳上了渔船。

马毛姐一手掌舵，一手划桨，驾船向南岸前进。船行途中，炮弹不时落在江面上。就在船快要驶到江中心时，敌人的照明弹、大炮、机枪突然一齐向小船打来，同行的4条船被击沉2条。她心里想着：早一点到岸，把敌人碉堡消灭了，后头的船就平安了。她咬紧牙关，一个劲往前划。此时，一颗子弹击中了马毛姐的右臂，她依然忍痛继续驾船前行。

约 40 分钟后，她驾驶的船只抵达长江南岸，成为第一批渡江成功的船只之一。紧接着她又返回长江北岸，对胳膊进行简单

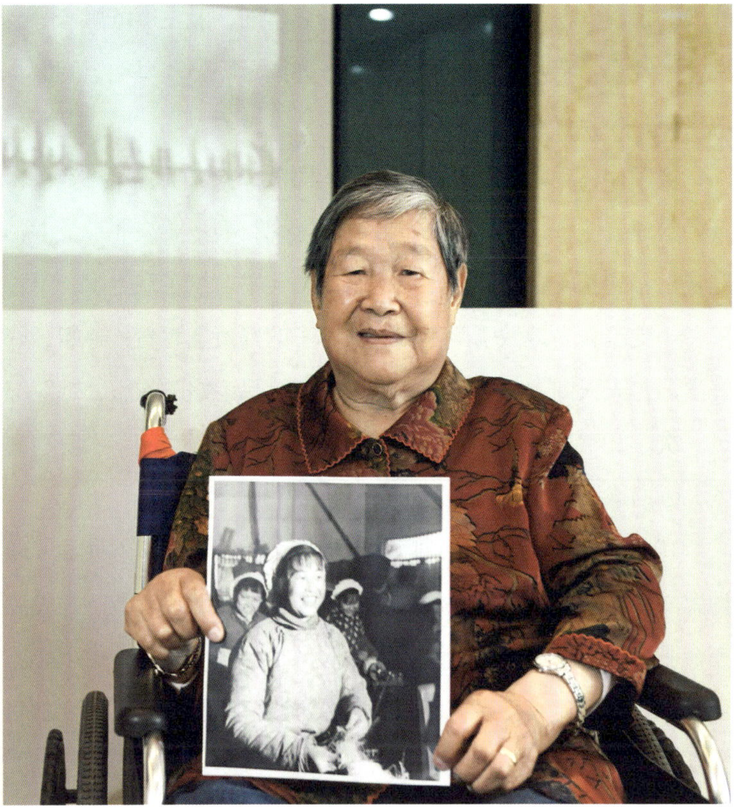

2021 年 5 月 22 日，安徽省合肥市，马毛姐接受采访

包扎后，继续运送解放军渡江。一来一回之间，那一晚，马毛姐兄妹俩共横渡长江 6 趟，运送了 3 船解放军到达南岸。渡江战役胜利后，马毛姐被授予“一等渡江功臣”“支前模范”称号。

马毛姐其实一开始不叫马毛姐，她在家排行老三，家人和乡亲们都习惯叫她“三姐”。1951 年 9 月，马毛姐和无为县另一位“特等渡江英雄”车胜科受政务院（后称国务院）邀请，赴北京参加国庆观礼活动，并受到毛泽东主席和其他领导的亲切接见。

同年 10 月 4 日，马毛姐被毛主席接到家里，“吃饭时，毛主席亲切地问我，家在哪里，叫什么名字，还要我讲述参加渡江战役的经过。在得知我还没有正式的名字时，毛主席沉思了一会说，你姓马，我姓毛，就叫马毛姐，你同意吗？”马毛姐回忆。就这样，她拥有了自己的名字。

饭后，马毛姐跟着毛主席在中南海散步。“毛主席对我讲，新中国建立了，一定要读书，要好好学习，要不要来北京上学？但我讲我想家，要回家。”马毛姐说。毛主席给了马毛姐一个本子、一支笔，为她做了两套衣服。本子的扉页上写着：毛姐，好好学习，天天向上。回家后，毛主席送给马毛姐的衣服，她只穿过一次。1954年家乡发洪水，马毛姐在逃难时无意间将衣服遗失了，因为这事，她还哭了好几天。

1954 年 6 月，马毛姐加入中国共产党。1957 年从巢县（现为巢湖市）速成中学毕业后，便投身社会主义建设事业。她先后在合肥车站区麻纺厂、针织厂、被服厂，合肥帽厂等单位工作。自 1976 年起，她担任合肥市服装鞋帽工业公司副经理、工会主席、党委委员。

退休以后，马毛姐也经常到机关、学校、工厂等地作报告，义务开展革命传统教育 300 多场次。她经常说是党给了她一切，“我要把一生奉献给党的事业，全心全意做好人民的服务员”。

◎王占山：人在阵地在，决不退后半步！

“七一勋章”获得者王占山，是战功赫赫的百战老兵。他 18 岁参军入伍，19 岁入党，此后一路跟着部队南征北战，先后参加了辽沈、平津、衡宝、两广、抗美援朝、西南边境自卫还击作战等战役战斗，出生入死、英勇杀敌。

1953 年 7 月，在抗美援朝金城反击战中，时任排长的王占山代表全排向营党委请战：“请把最艰巨的任务交给我们！”受领任务后，王占山随连队抢占巨里室北山 408.1 高地。

7 月 18 日拂晓，敌军在飞机、大炮掩护下，向“408.1”“408.2”高地和“418.1”左侧无名高地进行连续猛烈攻击。7 连官兵连续奋战，伤亡惨重。“王排长，指导员在叫你！”王占山好像听到了不远处战友声嘶力竭的叫喊。他蓄了一把力气，向指导员所在的方向匍匐前进。“你接替指挥，一定要把阵地给我守住了……”奄奄一息的指导员命令道。王占山刚说出一句“人在阵地在，我决不退后半步”，指导员就闭上了眼睛。

王占山在河南省安阳市讲述战斗经历

“同志们，人在阵地在，誓与阵地共存亡！”王占山临危受命，带领战友们立下重誓。“轰隆！轰隆！”敌军兵力从两个排猛增到两个营，开始对这个制高点发动猛攻。

王占山带领战友们浴血奋战，一次又一次阻击敌人进攻。敌人久攻不下，便严密封锁交通，切断供应。几乎弹尽粮绝的王占山和战友们，只能用野菜充饥。渐渐地，王占山摸清了敌人进攻的规律。趁着天黑，他组织 4 个小组到前沿阵地的敌人尸体旁搜集枪弹和食物：机枪 18 挺、步枪 10 余支、手榴弹数枚、水壶几个、大萝卜半袋子……

4 天 4 夜，王占山和战友们共打退敌人 38 次进攻，歼敌 400 多人，牢牢守住了阵地。接应部队赶到后，从弹坑里将王占山扒了出来，他全身共 38 个弹孔、4 处重伤，在医院抢救了 4 天才醒过来。

战后，王占山被志愿军总部记一等功、授予“二级战斗英雄”荣誉称号，被朝鲜授予“一级国旗勋章”。

1987 年离休后，王占山仍然情系国防事业，倾心传承红色基因。他全身心投入到青少年的成长中，积极资助困难学生，先后担任 10 多所学校的校外辅导员，开展英模事迹和革命传统教育报告 400 余场，捐款资助学生 20 多名。他对大家说得最多的，就是珍惜今天的幸福生活，这是战友们用生命换来的。“现在这生活太好了，国泰民安，我非常想念我们牺牲的战友。我们牺牲的战友如果还活着，还不和我们一样嘛！现在我应该告慰他们。”

◎辛育龄：创造了一根针麻醉的“神话”

他，在战火中同白求恩并肩战斗救治伤员，50 年完成 1.5 万多例胸外科手术，为寻找针刺麻醉最佳穴位不惜在自己身上扎针试验……他的百岁人生充满传奇。他就是中日友好医院的首任院长、百岁名医——辛育龄。

1970 年，辛育龄主刀实施了首例运用一根针针刺麻醉下肺切除手术，震惊了针麻界。他创造了一根针麻醉的“神话”。20 世纪 70 年代，肺移植手术刚刚起步，很少有国家从事这方面研究。1979 年，辛育龄在国内率先开展了两例人体肺移植手术。

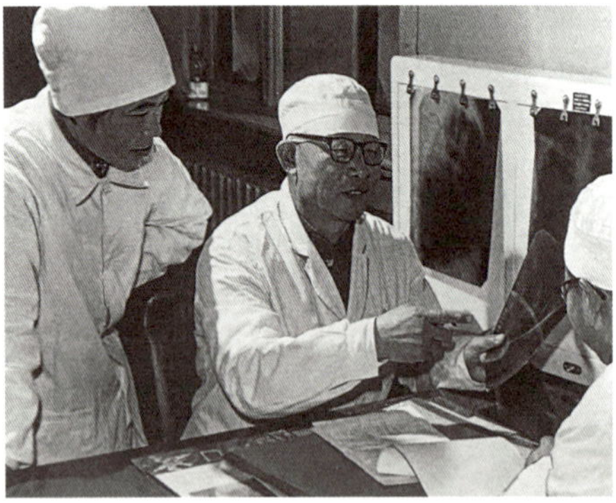

1980 年 1 月 16 日，辛育龄（中）在内蒙古结核病院与胸外科医师讨论病例

68 岁时，他又同瑞典科学家合作创造了电化学（直流电）

治疗肿瘤的新技术。该技术不开刀就能局部杀灭肿瘤细胞，全国超万例肿瘤患者接受了这项治疗，有效率达 65% 至 85%。这项技术也推动了后来放疗技术和消融技术的研究和发展。

他先后做了 1400 多例针麻肺切除手术，成功率高达 98%。针麻手术推动了我国针灸镇痛原理的研究工作，为中国针灸疗法走向世界奠定了基础。他是我国胸外科事业的拓荒勇士，又是人民健康的忠诚卫士。做白求恩式的医生是他一生的追求。他荣获国家级科技奖 8 次，先后获得全国劳动模范、全国先进工作者、白求恩式医务人员等荣誉称号。直到因腰椎问题再也站不起来，辛育龄才不舍地告别了他日夜战斗过的手术台。

2021 年 2 月 12 日，辛育龄在中日友好医院庆祝百岁生日。他说：“只要我一息尚存，就要多救治一个病人！”

◎吕其明：用音乐倾诉对“红旗”的爱

2021 年 6 月 29 日，伴着自己谱写的《红旗颂》乐曲，91 岁高龄的人民音乐家吕其明步入人民大会堂金色大厅。“当时内心无比激动！多么熟悉的音乐，在建党百年时庄严奏响！”他回忆道。

“《红旗颂》怎么写、写什么，是一个很大的难题，当时我思考了很长时间，如何形成一个历史与现实、理智与感情的碰撞，我就想在这个中间找到一个切入点。”吕其明回忆道。这是 1965 年“上海之春”音乐会的一篇命题“作文”，著名指挥家黄贻钧让 35 岁的青年作曲才俊吕其明来完成。

“当时，我作为后辈是很惶恐的。怎么办？首先就是去一线体验生活。”吕其明说，“我脑海里，最终将‘红旗’锁定在了新中国成立时天安门广场上升起的那面历史性的五星红旗。选取

吕其明吟唱《红旗颂》

了《义勇军进行曲》起头的旋律，紧扣《红旗颂》的主题。”

为了创作，他到造船厂生产一线体验生活，看到新中国建设一派热火朝天的景象，他豪情万丈，为《红旗颂》又增添了奋发有为的进行曲节奏。多年来，他一直觉得1965年首创首演的《红旗颂》“功力尚浅”，没有达到“一锤定音”的级别。于是他反复推敲、修订，将作品足足改了半个多世纪。2019年新中国成立70周年之际，《红旗颂》在首演54年后，最终宣布定稿。

《红旗颂》的诞生不是偶然。吕其明把自己的身心都融入了这面“红旗”中。他10岁随父参加新四军，15岁加入中国共产党，19岁背着心爱的小提琴随大部队进驻上海，从此落地生根，全身心投入到了新中国的音乐事业中。

2021年是党的百年华诞。“据说全国有上万支业余铜管乐队正在翘首期盼我们这本《红旗颂》管乐版总谱和分谱，还要配录整首曲目，这很重要。”吕其明在“七一”前夕告诉记者，沉稳中带着一丝急迫。6月的一个午后，吕其明到上海爱乐乐团与管乐演奏者及指挥一起做最后的“精雕细刻”。乐队花了约2个小时，根据他最新修改的管乐版总谱和分谱完成了《红旗颂》的录制。

初夏的上海时阴时雨，闷热难耐。吕其明全程指导录制，洪亮的嗓音在排练厅的音罩内回荡。“希望上海音乐出版社最新出版的《红旗颂》管乐版总谱和分谱，可以帮助更多渴望表演《红旗颂》的乐队，这是《红旗颂》谱系中的一个新品种。”他爽朗地大笑起来。

90 多年的人生路上，吕其明始终坚持用音乐倾诉对“红旗”的爱。“我一辈子只做了一件事，就是为党和人民创作！”老人眼中透出坚毅和执着。

◎李宏塔：“我的勋章，献给爷爷李大钊。”

2021 年 6 月 29 日上午，在北京人民大会堂金色大厅，李宏塔走上授勋台，获颁“七一勋章”。

李宏塔，出身“名门”的“普通人”。他历任安徽省民政厅厅长、安徽省政协副主席。他的祖父是中国共产主义运动先驱——李大钊，父亲李葆华曾任安徽省委第一书记、中国人民银行行长。

他 16 岁当兵入伍，做过化工厂工人，后来考上大学。1978 年起，先后在共青团合肥市委、共青团安徽省委、安徽省民政厅等部门工作。

李宏塔一生除了极少数重要公务赶时间外，从不坐专车，而是天天骑自行车上下班，被称为骑车上班的“李厅长”。随着年龄增大，2003 年他将自行车换成了电动车，还笑称这是“与时俱进”。

当年根据安徽省干部住房标准规定，李宏塔应该享受至少 70 平方米的住房，然而 1984 年，他却搬进位于楼房最西面一套冬冷夏热的两居室，在这套 55 平方米的旧房里，一住就是 16 年，

李宏塔一直以爷爷李大钊为榜样，刻苦学习，努力工作

“大家都是这样，我也知足。”李宏塔说。

李家三代，家风如一。“黄卷青灯，茹苦食淡，冬一絮衣，夏一布衫”是祖父李大钊清贫一生的真实写照。父亲李葆华承风父辈，十分简朴，家中是老旧的三合板家具，沙发坐下就是一个坑。这样的家风传承让李宏塔面对简朴生活时乐在其中。2008年，李宏塔的儿子结婚，婚礼布置简单，单位同事们前来祝贺并包了红包。为了不破坏婚礼的气氛，李宏塔照单全收，但第二天便将所有的礼钱如数奉还。

在民政系统工作期间，李宏塔每年至少有一半时间在基层度过。当地很多同志都知道他的“反方向工作法”，下乡时不向有关市、县打招呼，经常让司机“把车子开到进不去的地方”，然后步行进村入户检查工作，从百姓家里出来他再到乡镇、县市座谈。“必须离开公路直接去问老百姓，沿着公路转隔着玻璃看是了解不到真实情况的。”李宏塔说。

2003年夏天，淮河、滁河流域发生水灾，为了摸清具体灾情，他连续 20 多天奔走在灾区，“反向工作法”起了关键作用：他从受灾群众蒸着救济米的锅中“闻”出了问题，查清了责任；他走进受灾群众的帐篷，“量”出了其中的暑热与机关办公室之间的温差，让机关为 3 万多名受灾群众腾出温度适宜的办公室做住处。他是共产党人优良传统的传承人，艰苦朴素、严于律己，在每个岗位上都践行党的根本宗旨，当好人民勤务员。

“革命传统代代传，坚持宗旨为人民。”这是李宏塔自撰的对联，他以此自勉并教育子女，决心把李大钊的良好家风继续传承下去，踏着先辈的脚印继续往前走。

2021 年 7 月 14 日，李宏塔将荣获的“七一勋章”捐赠给河北省乐亭县李大钊纪念馆，他说：“我的勋章，献给爷爷李大钊。”

◎张桂梅：一千多个孩子的“妈妈”

1974 年 10 月，17 岁的张桂梅跟随姐姐从家乡黑龙江来到云南，支援边疆建设。1996 年 8 月，她的丈夫去世，父母双亡、无儿无女的张桂梅黯然神伤，她主动申请调到偏远的丽江市华坪县工作。她放弃进入全县条件最好的华坪一中，选择了师资最弱、条件最差的中心学校任教，承担起 4 个毕业班的教学任务。

一年后，不幸再次降临。1997 年 4 月，她查出患有子宫肌瘤，且肌瘤已经有 5 个月胎儿那么大，需要立即住院治疗。张桂梅忍着疼痛继续站在讲台上，她不愿意因为自己而影响学生们中考。直到 7 月中考结束，她才住进医院。打开她的腹腔，医生们倒吸了一口冷气：腹腔内的器官全都移了位，肠子粘连在后壁上，取出的肿瘤足足有 2000 克。

2001 年，张桂梅兼任新建的华坪县儿童福利院（华坪儿童之家）院长。第一天，儿童之家收了 36 个孩子，最小的 2 岁，最大的12岁。此后，张桂梅白天上课，晚上回来照顾孩子们。没有做过母亲的她，被孩子们亲切地叫作“张妈妈”。

儿童之家的工作，让她萌生了创办一所学校，让贫困山区女孩免费接受高中教育的想法。2007年，张桂梅成为党的十七大代表。在北京开会期间，她的梦想经一位共同参会的记者报道后，引起了社会广泛关注。在各级党委、政府关心支持下，2008年8月，全国第一所全免费的女子高级中学在华坪建成。

女子高中成立之初的困难，是张桂梅始料不及的。山区条件艰苦，再加上张桂梅对工作要求严格，很多年轻教师难以适应。建校才半年，17名教师就有9名辞职，教学工作近乎瘫痪。

焦虑、沮丧的情绪包围了张桂梅。在留下来的8名教师中，有6名是共产党员。于是，张桂梅把6名党员教师集中起来，重温了入党誓词，诵读了《为人民服务》《纪念白求恩》等篇章。有的教师眼里泛起泪花，他们被张桂梅的无私打动，决心要和张桂梅一起，把女子高中办好，把大山里的女孩送入大学。

留住了教师，还要留住学生。家访成了张桂梅最重要的工作。很多学生的家在偏远山区，有的地方只能靠步行到达，但张桂梅要求自己“要亲自到每一个学生的家里去看看”。一次，她坐乡政府工作人员的摩托车上山，“不敢低头，摩托车稍微歪一点，就会跌下悬崖粉身碎骨”。十几年来，张桂梅走进大山深处家访的累计行程超过11万公里，对上千名学生进行了家访。家访途中，她摔断过肋骨、发过高烧、迷过路，还曾因身体虚弱晕倒在路上。

在女子高中，张桂梅在宿舍里铺了两张床，一张自己睡，一张留给需要特别关心的学生。为了随时关照学生，她睡觉从不脱衣服。有个和张桂梅住在一起的学生，最初始终不肯和她多说话。

2020 年 12 月 1 日，张桂梅（中）在教室里检查学生上课情况

一次，张桂梅在食堂打饭时摔了一跤，断了三根肋骨。她没有住院就又回了学校，在同住学生的帮助下，每天早晨依旧 5 点起床；夜里很晚睡下，还要忍着疼痛和学生聊会儿天。3 个月后，这名学生抱着张老师大哭起来，说一定不会辜负张老师。

如今，张桂梅的右腹部、右臂上总能摸到肿块，头上还有骨瘤，她的肺也出现了问题，嘴唇经常没有知觉，但她仍然每天拿着小喇叭喊学生起床、吃饭、跑步、睡觉……“我要让孩子们知道，我一直就在她们身边。”张桂梅说。

截至 2019 年，华坪女子高级中学连续 10 年高考综合上线率 100％，1645 名贫困女孩从这里走进了大学。

◎蓝天野：潜伏敌人内部的“地下尖兵”

2021 年 6 月 29 日上午，“七一勋章”颁授仪式在人民大会堂隆重举行。蓝天野走下礼宾车，坐上轮椅进入人民大会堂。身穿一套合体西装的蓝天野神采奕奕，步行进入金色大厅的过程中，他连拐杖都没有拿，而是由同伴搀扶着缓缓前行。在央视实时解说中，一句“蓝天野曾是地下尖兵”向人们揭开了这位老艺术家的另一面。蓝天野不仅当过北平地下交通员，频繁来往于解放区与白区之间，还曾是国民党少校，潜伏在敌人内部。

蓝天野 1927 年出生在河北衡水市，不到一岁便随家人迁居到北京。很多人不知道，蓝天野自称少年时很内向，不爱跟人说话，没想到自己以后会和舞台有关系。而且少年蓝天野最大的兴趣是美术，水彩画、中国画、木刻版画、剪纸样样精通。1944 年，17 岁的蓝天野决心成为一名画家，于是报考了国立北平艺专（中央美术学院前身），进入油画系学习。蓝天野原以为自己会以美术为一生追求，他曾在采访中讲述自己废寝忘食学习美术的经历：“我们当时学习素描，要用炭笔。要修改的话怎么办呢？炭笔和铅笔不一样，不能用橡皮，要用干的馒头。有时候我画了一上午，到了中午发现，我带的馒头已经没有了。”

蓝天野回忆说，1945 年，三姐石梅从解放区文工团晋察冀挺进剧社回到北平后便开始了革命工作，任务是在大城市发展地下党的力量。“我们的新家立刻就成了共产党的地下联络点，几位交通（员）到这儿来联系。”姐姐通过收音机收听解放区电台的信息并记录，美术专业的蓝天野就负责刻蜡板、油印宣传资料，姐弟俩再跑到街上去散发传单。“我骑个自行车，往解放区和北京沦陷区两边跑，当时觉得很简单。”然而实际上，作为交通员，他把各种文件、书籍送给解放区的接头人，又从接头人手中拿回物资给北平的地下党，这一任务不可谓不危险。

1945 年 9 月 23 日，18 岁的蓝天野正式加入中国共产党。抗战胜利后，北平成为国统区，共产党领导下的学生民主运动在地下展开。为了进一步加强党在戏剧战线的工作，北平地下党成立了北平剧联党支部，蓝天野是其中一员。按照党组织的安排，蓝天野放弃了美术学业，一边在剧团演出，一边在各学校中发展党员，走上了职业演员的道路。

1946 年秋天，蓝天野加入了演剧二队。演剧队是 1938 年国共合作时，周恩来领导的进步文艺组织。演剧二队是国民党军队编制，但队员都是共产党员。

“从 1946 年开始，也就是我 19 岁的时候，我对外的公开身份是国民党少校，所以那时我是个穿着国民党军装的共产党。”据蓝天野回忆，1948 年白色恐怖加剧，国民党特务加紧了对进步剧团、演剧二队的监视，开始侦查他们与共产党的联系。此外，迎接解放战争胜利需要保存实力，地下党要把演剧二队的同志们分批撤回解放区。

“那时局势已经很紧张了，华北局晋察冀城市工作部来人，传达中央指示，让演剧二队立即撤退。”蓝天野回忆。

此时，国民党派来一个姓董的新队长，蓝天野等人研究了一个对付他的策略：先假意奉承，为秘密撤退争取时间。新队长没想到，演剧二队这么有实力的剧团，能对他这么热情，加上蓝天野几个人对他一通忽悠，一时被夸得飘起来。“我们就对董队长说，您刚来，给大家谋点福利吧，过中秋节放三天假，放完假之后咱们好好干。董队长一听就同意了。”就这样，从第一天开始，每天走一拨人，不

蓝天野参加北京人艺话剧《家》的排练

走的就陪着董队长打牌。到了第四天该上班时，演剧二队的人都走光了。“后来董队长到处抓人，当然是竹篮打水一场空。”蓝天野回忆。

回望蓝天野的艺术人生，《茶馆》中的秦仲义、《北京人》中的曾文清、《蔡文姬》中的董祀、《家》中的冯乐山，都是他在话剧舞台留下的经典角色。他还在《渴望》《封神榜》等影视剧中饰演了众多深受观众喜爱的角色，其中他饰演的“姜子牙”一角仙风道骨，至今仍是不少人的童年回忆。此外，他还是一名导演，90 多岁高龄仍活跃在话剧舞台。2020 年，蓝天野连演 11 场 3 个半小时大戏。2021 年 3 月，再执导《吴王金戈越王剑》。

2022 年 6 月 8 日，蓝天野因病在北京家中逝世，享年 95 岁。

◎瞿独伊：开国大典用俄语向全世界播出新中国成立的消息

2021 年 11 月 5 日，“七一勋章”获得者瞿独伊迎来了百岁生日，彼时与中国共产党同龄的她，亲眼见证着父辈们流血牺牲换来今日中国的辉煌成就，当有人问起父母留给她最宝贵的东西是什么时，瞿独伊的回答是：“有信仰、爱祖国。”

瞿独伊的革命生涯从 6 岁就开始了。1928 年，她的父亲瞿秋白和母亲杨之华去莫斯科参加中共六大，秘密过境时，瞿独伊在妈妈的引导下，把其他叔叔叫作“爸爸”，成功掩护了好几位中共代表。瞿独伊仍记得自己当时问母亲：“妈妈，妈妈，我怎么那么多的爸爸？”

1935 年 6 月，瞿秋白在福建长汀高唱《国际歌》、高呼“中国共产党万岁”中慷慨就义，这在女儿瞿独伊幼小的心灵里埋下了一颗永不熄灭的信仰火种。

抗日战争时期，年轻的瞿独伊在国民党反动派的监狱里，同样经受了生死考验。她的女儿李晓云说："女牢审讯了三次，要她们脱离共产党。我妈妈说'我不用想，我就是信仰共产主义，坚决的'。"被组织营救后，瞿独伊光荣地加入了中国共产党。

1949 年 10 月 1 日，毛泽东主席在北京天安门城楼上宣布："中华人民共和国中央人民政府，今天成立了！"作为俄语播音员，瞿独伊在天安门城楼用俄语向全世界播出了毛泽东主席的讲话。"开国大典的时候很兴奋，新中国成立能够向世界报告，告诉他们成立了中华人民共和国，觉得自己很光荣。"瞿独伊回忆道。

1950 年，瞿独伊与丈夫李何一起前往莫斯科，筹建新中国第一个驻外新闻机构——新华社莫斯科分社。那时资源短缺，瞿独伊和李何扛起重任。他们身兼数职，除了采访、发稿、翻译，还要做会计、采购等工作，每天只能睡四五个小时。他们还主动提出降薪，把自己所得稿费的绝大部分都作为党费上交。瞿独伊说："中国正需厉行节约，所以自己工作能省一点就省一点。"

得知瞿独伊被授予中国共产党最高荣誉——"七一勋章"后，俄驻华大使安德烈·杰尼索夫向她表示祝贺："正是通过您 1949 年 10 月 1 日作为新华社通讯员用俄文宣布的消息，苏联和东欧各国人民了解了中华人民共和国的成立。今天我们与中华人民共和国保持着坚固和真诚的友谊关系。"杰尼索夫在贺信中还用中文亲笔写道："祝贺您荣获'七一勋章'！祝您万寿无疆！"

勋章档案

图说勋章

共和国勋章

“共和国勋章”以红色、金色为主色调，章体采用国徽、五角星、黄河、长江、山峰、牡丹等元素，章链使用中国结、如意、兰花等元素。整体使用冷压成型、花丝镶嵌、珐琅等工艺制作，象征勋章获得者为共和国建设和发展作出的巨大贡献，礼赞国家最高荣誉，祝福祖国繁荣昌盛，寓意全国各族人民团结一心共筑中华民族伟大复兴的中国梦。

“七一勋章”以朴素、庄重为主要设计理念，以红色、金色、白色为主色调，使用冷压成型、花丝镶嵌、彩丝织锦等工艺制作。章体采用党徽、五角星、旗帜、丰碑与光芒、向日葵、大山大河、如意祥云等元素。

党徽体现党的领导和核心地位，五角星象征共产主义崇高理想与薪火相传。丰碑与光芒寓意党的辉煌历程与丰功伟绩，向日葵象征全党全国紧密团结在党中央周围。大山大河体现党员的理想和追求，如意祥云寓意祖国繁荣昌盛、和谐发展。旗帜寓意在党的领导下，为实现革命理想而永远奋斗。

有别于国家勋章和国家荣誉称号奖章的金属章链，“七一勋章”使用织物绶带，采用向日葵、光芒、星光等元素。寓意在党的阳光沐浴下，勋章获得者一心向党，全心全意为人民服务，不忘初心、牢记使命、砥砺前行。

“八一勋章”采用了八一军徽、五角星、利剑、旗帜、光芒和长城、橄榄枝等设计元素。

八一军徽、五角星——五角星强化衬托八一军徽，这表明中国人民解放军从工农红军走来,并象征军队至高荣誉。

利剑——五个利剑组合与五角星相呼应，象征我军是听党指挥、能打胜仗、作风优良的人民军队，具有坚不可摧的向心力凝聚力战斗力。

旗帜、光芒——象征受勋者在党的旗帜引领下取得辉煌成绩，其事迹和精神也具有旗帜般导向作用，是全军官兵学习的榜样。

长城——象征人民军队忠实履行党和人民赋予的神圣使命，坚决捍卫国家主权、安全、发展利益。

橄榄枝——象征中国坚定不移走和平发展道路，以及人民军队为捍卫世界和平作出的突出贡献。

材料及制作工艺：勋章中军徽为黄金胎红色珐琅彩，长城、橄榄枝、光芒为黄金，旗帜为黄金胎红色珐琅彩，利剑为白金。

尺寸：主章通径 65 mm
附件：绶带
佩戴形式：领绶、襟绶

"八一勋章"的绶带

绶带设计：

以金色为主色调，体现辉煌成就和崇高荣誉。

中心的红色带象征人民军队一心向党，听党指挥。

周边带长城寓意人民军队是捍卫国家主权、安全、发展利益的钢铁长城。

佩戴形式与场合

授勋庆典仪式：穿着军礼服，佩戴领绶章和勋略。

出席重要活动：穿着军礼服、冬常服、春秋常服，佩戴襟绶勋章和勋略。

日常工作或普通活动：穿着冬常服、春秋常服、夏常服，佩戴勋略。

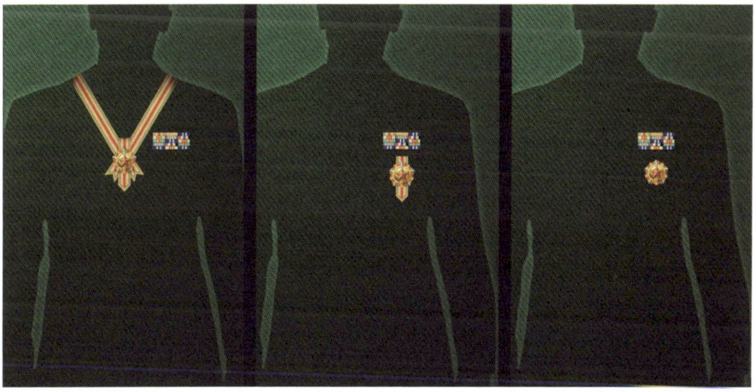

佩戴形式

战时勋章“红旗勋章”由军徽、红旗、令箭等元素构成。红旗寓意在党的领导下英勇作战、夺取胜利；军徽代表人民军队；长城象征忠实履行党和人民赋予的新时代使命任务，坚决捍卫国家主权、安全、发展利益；牡丹花寓意功臣光荣；令箭寓意指挥作战。

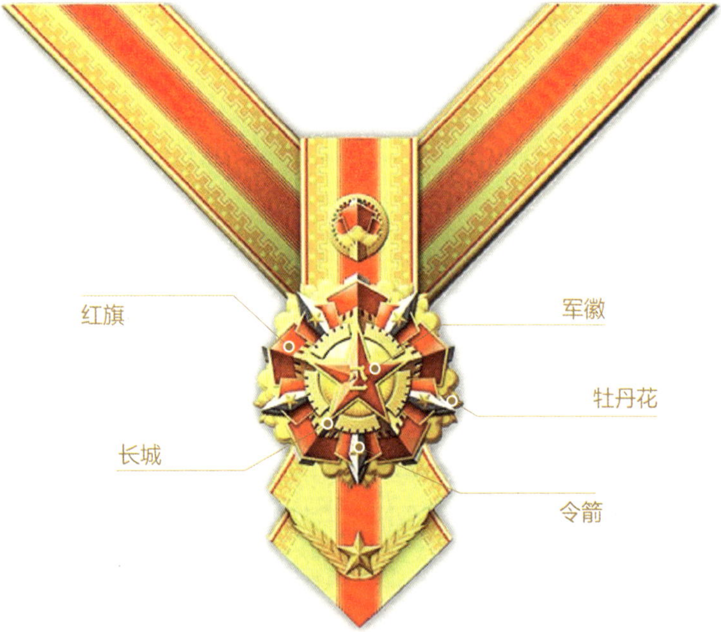

尺寸：主章通径 65 mm
附件：绶带
佩戴形式：领绶、襟绶

战时勋章“红星勋章”由军徽、大红星、长城等元素构成。大红星寓意在党的领导下英勇作战、夺取胜利；军徽代表人民军队；牡丹花寓意功臣光荣；长城象征忠实履行党和人民赋予的新时代使命任务，坚决捍卫国家主权、安全、发展利益；利剑寓意参加作战行动。

尺寸：主章通径 65 mm
附件：绶带
佩戴形式：领绶、襟绶

和平勋章

授予外国外军人员的“和平勋章”由和平鸽、橄榄枝、地球等元素构成。光芒、五星象征伟大胜利、崇高荣誉，寓意世界和平发展的光明前景；军徽代表中国人民解放军；橄榄枝表达对维护世界和平作出巨大贡献英雄们的崇敬之意；地球代表全世界；和平鸽是和平、友谊、圣洁的象征。环抱展翅的和平鸽，寓意中国和有关国家人民的深厚友谊及对和平的珍爱。

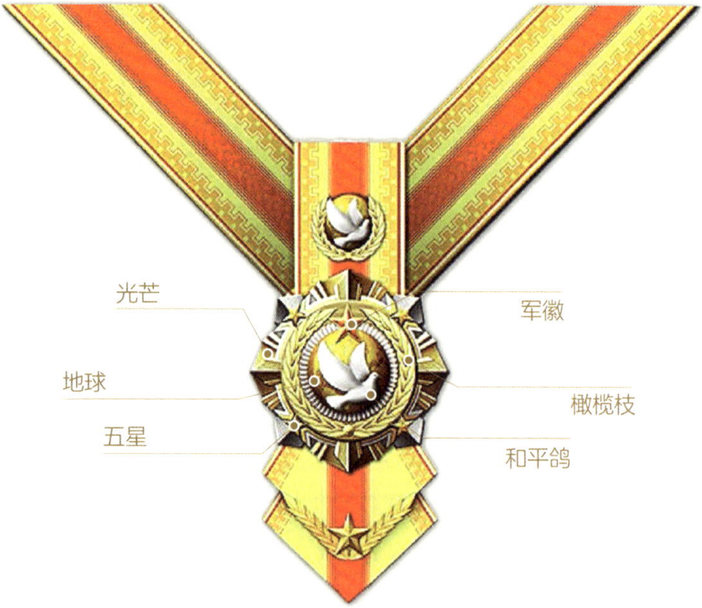

尺寸：主章通径 65 mm
附件：绶带
佩戴形式：领绶

中华人民共和国“友谊勋章”章体以金色、蓝色为主色调，采用和平鸽、地球、握手、荷花等元素，章链采用中国结、万年青、牡丹、玉璧、兰草等元素，整体使用花丝镶嵌、掐丝珐琅等传统工艺手工制作。设计制作象征中国人民同各国人民友好团结、友谊长存，祝愿世界各国共同繁荣发展。

国家荣誉称号奖章以红色、金色为主色调，章体采用五星、天安门、牡丹、旗帜、光芒等元素，章链采用中国结、花卉等元素，整体使用冷压成型、花丝镶嵌、珐琅等工艺制作，象征国家荣誉称号获得者在各领域各行业作出的重大贡献，彰显示范引领作用，激励全国各族人民不忘初心、牢记使命，为实现中华民族伟大复兴的中国梦而不懈奋斗。

设计者说

夏鑫 ▶ 党和国家功勋奖章设计制作团队成员

“七一勋章”从设计制作到样品出来，用了将近一年的时间。我们的设计团队出了很多设计稿，改的次数已经记不清楚了，总之非常多。它很重要，非常重要，代表的是一种形象。方寸之地要融入很多内涵，各个设计元素之间要相互协调。

“七一勋章”的手绘图

何洁

党和国家功勋奖章设计制作团队成员

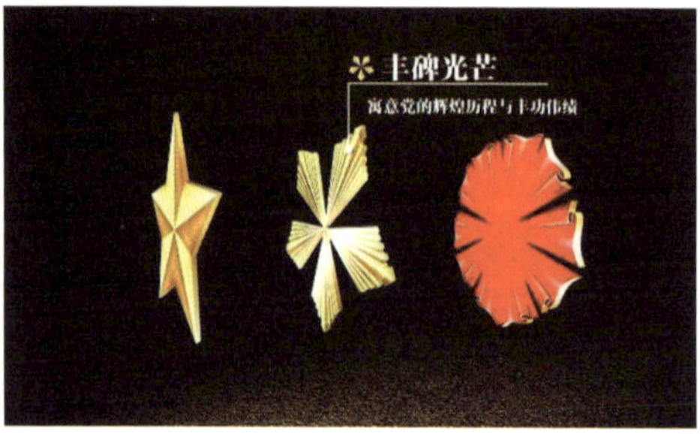

“七一勋章”设计的分层图

章不是越奢华越好，也不是越繁琐越好。简约，是我们设计的最高境界，复杂的东西不要过多，也不能因设计不到位而留下遗憾。任何一个章体通过形象和材料工艺来看都是有其身份感的，能够体现我们的理念。我觉得设计中应该坚持党的宗旨：不忘初心，为人民服务，也就是更加纯朴，更多奉献。在进行勋章设计的过程当中，我们最大的收获是对党有了更深的认识。因为只有准确，才有力量。

中文广

党和国家功勋奖章设计制作团队成员

“七一勋章”中的党徽体现党的领导和核心地位

设计的过程等于再一次把党史学习了一遍。因为在元素的选取上，要有很强的共识性，它的经典和时代性还要相互融合，有些元素拿出来一看，就能代表我党整体的历史形象。另外，点睛的部分就是“花丝镶嵌”的工艺，这种工艺其实在中国从春秋战国时期就已经有了，代表工艺的最高水准。

宫占坤◀

党和国家功勋奖章设计制作团队成员

我们匠人为了争取把这么重要的勋章做到几乎完美，把平面的理念用立体的东西做出来，用足了心思，在几十次、上百次的调整下，将效果一点一点呈现出来。熔炼、压制、执模、铸造、电镀、珐琅、组装，一共7个步骤，10多道工序，手工制作占比60%，特别是我们用的工艺技术——中国非物质文化遗产“花丝镶嵌”，是制作过程中最复杂、最精湛的手工艺。我们拔出来的丝都要在0.25毫米以内，也就是3根头发丝的粗度。纯手工比机器纺的花丝效果会更好，为了将百年勋章做到最完美，我们采用了手工制作的方法。

武玉山▶

党和国家功勋奖章设计制作团队成员

我们做活的时候几乎是一气呵成。扳这几个花的时候，永远是绷着一口气，扳完后歇一口气，提起的时候再一扳。因为这是代表着党内最高荣誉的奖章，设计上要节约俭朴，不要奢华，但是工艺要求精益求精，用精益求精的手法打造最高级别的奖章。

制作过程中的“七一勋章”

受勋者档案

“共和国勋章”是国家最高荣誉，于2016年1月1日设立，2019年9月29日首次颁授，最近一次颁授是在2020年9月8日，合计授勋9人。

“七一勋章”是由中共中央决定、中共中央总书记签发证书并颁授的党内最高荣誉，于2017年7月由中共中央批准实施授予办法，2021年6月在庆祝中国共产党成立100周年之际首次颁授，合计授勋29人。

“八一勋章”是由中央军委决定、中央军委主席签发证书并颁授的军队最高荣誉，于2017年6月12日设立并首次评选，2017年7月28日首次授勋，最近一次颁授是在2022年7月27日，合计授勋13人。

“友谊勋章”是根据宪法法律规定，由全国人大常委会决定、国家主席签发证书并颁授的国家勋章，2018年6月8日首次颁授，最近一次颁授是在2020年11月6日，合计授勋9人。

国家荣誉称号于2016年1月1日创立，2019年9月29日首次颁授，最近一次颁授是在2020年8月11日，合计授予31人。

“共和国勋章”受勋者

2019年9月17日，国家主席习近平签署主席令，根据主席令，授予于敏、申纪兰（女）、孙家栋、李延年、张富清、袁隆平、黄旭华、屠呦呦（女）“共和国勋章”。

2020年8月11日，国家主席习近平签署主席令，授予钟南山“共和国勋章”。

★于　敏★

于敏，男，汉族，中共党员，1926年8月生，2019年1月去世，天津宁河人，曾任中国工程物理研究院高级科学顾问、研究员，中国科学院院士。他是我国著名核物理学家，长期领导并参加核武器的理论研究和设计，填补了我国原子核理论的空白，为氢弹突破作出卓越贡献。荣获“两弹一星”功勋奖章、国家最高科学技术奖和“全国劳动模范”“改革先锋”等称号。

申纪兰，女，汉族，中共党员，1929年12月生，2020年6月去世，山西平顺人，山西省平顺县西沟村党总支副书记，第一届至第十三届全国人大代表。她积极维护新中国妇女劳动权利，倡导并推动“男女同工同酬”写入宪法。改革开放以来，她勇于改革，大胆创新，为发展农业和农村集体经济，推动老区经济建设和老区人民脱贫攻坚作出巨大贡献。荣获“全国劳动模范”“全国优秀共产党员”“全国脱贫攻坚‘奋进奖’”“改革先锋”等称号。

★申纪兰★

★ 孙家栋 ★

孙家栋，男，汉族，中共党员，1929年4月生，辽宁省瓦房店市人，原航空航天工业部副部长、科技委主任，中国航天科技集团有限公司原高级技术顾问，中国科学院院士，第七、八、九、十二届全国政协委员。他是我国人造卫星技术和深空探测技术的开创者之一，担任月球探测一期工程总设计师，为我国突破卫星基本技术、卫星返回技术、地球静止轨道卫星发射和定点技术、导航卫星组网技术和深空探测基本技术作出卓越贡献。荣获“两弹一星”功勋奖章、国家最高科学技术奖、国家科学技术进步奖特等奖和“全国优秀共产党员”“改革先锋”等称号。

李延年，男，汉族，中共党员，1928年11月生，河北昌黎人，原54251部队副政治委员。1945年参加革命，先后参加解放战争、湘西剿匪、抗美援朝战争、对越自卫反击战等战役战斗20多次，是为建立新中国、保卫新中国作出重大贡献的战斗英雄。离休后，他初心不改、斗志不减、本色不变，积极弘扬革命优良传统，充分展现了一名老革命军人、老战斗英雄的光辉形象。荣立特等功一次，被志愿军总部授予“一级英雄”称号，荣获解放奖章和胜利功勋荣誉章。

★ 李延年 ★

★ 张富清 ★

张富清，男，汉族，中共党员，1924 年 12 月生，陕西洋县人，中国建设银行湖北省来凤支行原副行长。他在解放战争的枪林弹雨中冲锋在前、浴血疆场、视死如归，多次荣立战功。1955 年，他转业后主动要求到湖北最偏远的来凤县工作，为贫困山区奉献一生。60 多年来，他深藏功名，埋头工作，连儿女对他的赫赫战功都不知情。荣立特等功一次、一等功三次、二等功一次、“战斗英雄”称号两次。

★ 袁隆平 ★

袁隆平，男，汉族，无党派人士，1930 年 9 月生，2021 年 5 月去世，江西德安人，国家杂交水稻工程技术研究中心、湖南杂交水稻研究中心原主任，湖南省政协原副主席，中国工程院院士，第五届全国人大代表，第六、七、八、九、十、十一、十二届全国政协委员。他一生致力于杂交水稻技术的研究、应用与推广，发明“三系法”籼型杂交水稻，成功研究出“两系法”杂交水稻，创建了超级杂交稻技术体系，为我国粮食安全、农业科学发展和世界粮食供给作出杰出贡献。荣获国家最高科学技术奖、国家科学技术进步奖特等奖和“改革先锋”等称号。

★ 黄旭华 ★

黄旭华，男，汉族，中共党员，1926 年 3 月生，广东揭阳人，中国船舶重工集团 719 所名誉所长、原所长，中国工程院院士。他隐姓埋名几十年，为我国核潜艇事业奉献了毕生精力，为核潜艇研制和跨越式发展作出卓越贡献。在某次深潜试验中，他置个人安危于不顾，作为总设计师亲自随产品深潜到极限。荣获国家科学技术进步奖特等奖和“全国先进工作者”等称号。

★ 屠呦呦 ★

屠呦呦，女，汉族，中共党员，1930年12月生，浙江宁波人，中国中医科学院中药研究所青蒿素研究中心主任。她60多年致力于中医药研究实践，带领团队攻坚克难，研究发现了青蒿素，解决了抗疟治疗失效难题，为中医药科技创新和人类健康事业作出巨大贡献。荣获国家最高科学技术奖、诺贝尔生理学或医学奖和“全国优秀共产党员”“全国先进工作者”“改革先锋”等称号。

钟南山，男，汉族，中共党员，1936年10月生，福建厦门人，广州医科大学附属第一医院国家呼吸系统疾病临床医学研究中心主任，中国工程院院士，第十一、十二届全国人大代表，第八、九、十届全国政协委员。他长期致力于重大呼吸道传染病及慢性呼吸系统疾病的研究、预防与治疗，成果丰硕，实绩突出。新冠肺炎疫情发生后，他敢医敢言，提出存在“人传人”现象，强调严格防控，领导撰写新冠肺炎诊疗方案，在疫情防控、重症救治、科研攻关等方面作出杰出贡献。荣获国家科学技术进步奖一等奖和“全国先进工作者”“改革先锋”等称号。

★ 钟南山 ★

“七一勋章”受勋者

2021年，在中国共产党成立100周年之际，中共中央决定首次评选颁授“七一勋章”。2021年6月29日，根据《中共中央关于授予“七一勋章”的决定》，马毛姐、王书茂、王占山、王兰花、艾爱国、石光银、吕其明、廷·巴特尔、刘贵今、孙景坤、买买提江·吾买尔、李宏塔、吴天一、辛育龄、张桂梅、陆元九、陈红军、林丹、卓嘎、周永开、柴云振、郭瑞祥、黄大发、黄文秀、黄宝妹、崔道植、蓝天野、魏德友、瞿独伊这29名同志被授予“七一勋章”。

★ 马毛姐 ★

马毛姐，女，汉族，1935年9月生，1954年6月入党，安徽无为人，原合肥市服装鞋帽工业公司副经理。解放战争时期支前英模的杰出代表，闻名全国的“渡江英雄”。渡江战役中，年仅14岁参加“渡江突击队”，在手臂中弹的情况下依然咬牙坚持，不畏枪林弹雨6次横渡长江，运送3批解放军成功登岸。毛主席亲切接见她，并题词“毛姐：好好学习、天天向上”。参加工作后从不以功臣自居，在平凡岗位上默默为党工作；离休后义务作革命传统教育报告300多场次。荣获“一等渡江功臣”“支前模范”等称号。

★ 王书茂 ★

王书茂，男，汉族，1956年12月生，1996年6月入党，海南琼海人，海南省琼海市潭门镇潭门村党支部书记、村委会主任，潭门海上民兵连副连长，第十三届全国人大代表。为国护海的模范，先后参加多项国家重大涉海工作，参与南沙岛礁建设，培养南海维权民间力量。在南海维权斗争中冲锋在前，不怕牺牲、寸步不让，坚决捍卫我国领海主权和海洋权益。带领群众造大船、闯深海，发展休闲渔业、建起海洋民宿，实现共同致富。荣获“全国劳动模范”“改革先锋”等称号。

★ 王占山 ★

王占山，男，汉族，1929年12月生，1948年8月入党，河北丰南人，河南省安阳军分区原副师职顾问，第四、五届全国人大代表。战功赫赫的百战老兵，先后参加辽沈、平津、衡宝、两广和抗美援朝、西南边境自卫还击作战等战役战斗，出生入死、英勇杀敌，4次受到毛泽东主席亲切接见。在抗美援朝的金城战役中，带领战友坚守阵地4天4夜，打退敌人38次进攻，歼敌400余人。离休后，情系国防事业，倾心传承红色基因。荣获志愿军“二级战斗英雄”荣誉称号和“全国离退休干部先进个人”等称号，被朝鲜授予“一级国旗勋章”。

★ 王兰花 ★

王兰花，女，回族，1950年6月生，1995年11月入党，宁夏吴忠人，宁夏回族自治区吴忠市利通区金星镇王兰花热心小组党支部书记（已退休）、王兰花热心小组慈善协会会长。群众心中的“活雷锋”，把解决社区居民的操心事烦心事揪心事作为毕生事业，十多年如一日坚持志愿服务。带领王兰花热心小组先后为居民解决各类困难7000多件，调解各类民事纠纷600多起，开展公益活动7000多场次，推动利通区志愿者从最初7人发展到6.5万余人。荣获“全国三八红旗手标兵”“全国民族团结进步模范个人”等称号。

★ 艾爱国 ★

艾爱国，男，汉族，1950年3月生，1985年6月入党，湖南攸县人，湖南华菱湘潭钢铁有限公司焊接顾问，湖南省焊接协会监事长，党的十五大代表，第七届全国人大代表。工匠精神的杰出代表，秉持“做事情要做到极致、做工人要做到最好”的信念，在焊工岗位奉献50多年，集丰厚的理论素养和操作技能于一身，多次参与我国重大项目焊接技术攻关，攻克数百个焊接技术难关。作为我国焊接领域领军人，倾心传艺，在全国培养焊接技术人才600多名。荣获“全国劳动模范”“全国十大杰出工人”等称号。

★ 石光银 ★

石光银，男，汉族，1952年2月生，1973年7月入党，陕西定边人，陕西省定边县定边街道十里沙村党总支原书记、现任陕西石光银治沙集团有限公司董事长，党的十八大代表，第十三届全国人大代表。治沙造林事业的模范代表，与荒沙碱滩不屈抗争40多年，在毛乌素沙漠南缘营造一条长百余里的绿色长城，彻底改变“沙进人退”的恶劣环境。将治沙与致富相结合，创造“公司＋农户＋基地”的新模式，帮助沙区群众脱贫致富。荣获“全国劳动模范”“全国治沙英雄”等称号。

★ 吕其明 ★

吕其明，男，汉族，1930年5月生，1945年9月入党，安徽无为人，上海电影制片厂艺术委员会原副主任。新中国培养的第一批交响乐作曲家，著名电影音乐作曲家，一生坚持歌颂党、歌颂祖国、歌颂劳动人民。70年来先后为《铁道游击队》《焦裕禄》《雷雨》等200多部（集）影视剧作曲，创作《红旗颂》《使命》等10余部大中型交响乐作品、300多首歌曲，《弹起我心爱的土琵琶》等歌曲广为传唱。荣获“全国离退休干部先进个人”等称号和“中国音乐金钟奖终身成就奖”。

★廷·巴特尔★

廷·巴特尔，男，蒙古族，1955年6月生，1976年11月入党，内蒙古呼和浩特人，内蒙古自治区阿巴嘎旗洪格尔高勒镇萨如拉图雅嘎查党支部原书记，党的十七大、十八大代表，第十届全国人大代表，第十三届全国政协委员。扎根牧区、苦干实干的楷模，凭着“让牧民过上好日子”的信念，扎根牧区近50年，探索出保护生态、发展经济、促进增收新路子，使当地牧民生产生活发生翻天覆地的变化。荣获“全国优秀共产党员”“全国劳动模范”“全国民族团结进步模范个人”“改革先锋”等称号。

★刘贵今★

刘贵今，男，汉族，1945年8月生，1971年8月入党，山东郓城人，外交部原正司级大使。一生奉献对非外交工作，在对非外交岗位坚守、耕耘近40年，长期在非洲国家常驻，年逾七旬仍为深化中非合作发挥余热，是首位中国政府非洲事务特别代表。积极推动建立中非合作论坛机制，在传承中非友谊、深化中非合作中担当作为、倾情奉献，坚定捍卫我国在非洲利益和国际形象，为促进中非关系发展作出突出贡献。

★ 孙景坤 ★

孙景坤，男，汉族，1924 年 10 月生，1949 年 1 月入党，辽宁庄河人，辽宁省丹东市元宝区金山镇山城村原第一生产队队长。永葆革命本色的战斗功臣，先后参加四平、辽沈、平津、解放长沙、解放海南岛、抗美援朝等战役战争，荣立一等功一次、二等功多次。作为英雄报告团成员，受到毛主席等党和国家领导人亲切接见。退役后毅然回乡带领群众改变家乡面貌，是共产党员吃苦在前、公而忘私崇高品质的典范。荣获"时代楷模"称号和"抗美援朝一级战士荣誉勋章"。

★ 买买提江·吾买尔 ★

买买提江·吾买尔，男，维吾尔族，1952 年 12 月生，1973 年 7 月入党，新疆伊宁人，新疆维吾尔自治区伊宁县温亚尔乡布力开村党支部原书记、村委会原主任，党的十八大代表。旗帜鲜明同"三股势力"作坚决斗争的先进模范，面对宗教极端势力的死亡威胁，毫不畏惧，挺身而出。坚持强基固本，大抓党支部建设和党员队伍建设，任村支书 30 多年，村里未发生一起暴恐事件。深入开展"民族团结一家亲"和民族团结联谊活动，开办国语幼儿园推广国家通用语言文字，为推动民族团结进步作出突出贡献。荣获"全国优秀共产党员""全国劳动模范"等称号。

★ 李宏塔 ★

李宏塔，男，汉族，1949年5月生，1978年4月入党，河北乐亭人，安徽省政协原党组成员、副主席，第十一、十二届全国政协委员。党员领导干部忠诚干净担当的典范。在民政系统工作18年，视孤寡老人为父母、视孤残儿童为子女、视民政对象为亲人，每年至少一半时间在基层度过。共产党人革命传统、优良家风的传承人，始终艰苦朴素、清正廉洁、以严治家，秉持了“革命传统代代传，坚持宗旨为人民”的不变信念。

★ 吴天一 ★

吴天一，男，塔吉克族，1934年11月生，1982年5月入党，新疆伊犁人，青海省心脑血管病专科医院原研究员，中国工程院院士。高原医学事业的开拓者，投身高原医学研究50余年，提出高原病防治救治国际标准，开创“藏族适应生理学”研究，诊疗救治藏族群众上万名。青藏铁路建设期间，主持制定一系列高原病防治措施和急救方案，创造了铁路建设工人无一例因高原病致死的奇迹，被称为“生命的保护神”。80多岁高龄带着心脏起搏器仍在海拔4500米以上的高原开展科研工作。荣获国家科学技术进步奖特等奖。

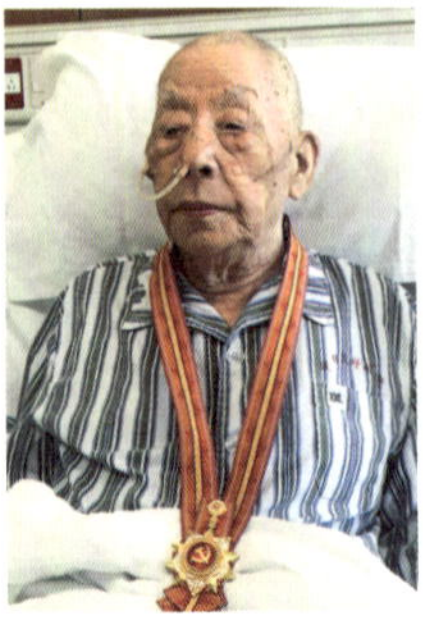

★ 辛育龄 ★

辛育龄，男，汉族，1921年2月生，1939年7月入党，2022年6月逝世，河北高阳人，中日友好医院原院长、胸外科主任，第五届全国人大代表。新中国胸外科事业的开拓者和奠基人。战争时期，曾与白求恩并肩战斗，多次冲上前线救治伤员。和平年代，长期致力于我国胸外科事业创建和发展，是中国人体肺移植手术第一人，在胸外科领域多个方面取得“从0到1”的突破，为我国卫生健康事业创新发展作出卓越贡献。荣获“全国劳动模范”“全国先进工作者”等称号。

★ 张桂梅 ★

张桂梅，女，满族，1957年6月生，1998年4月入党，辽宁岫岩人，云南省丽江华坪女子高级中学党支部书记、校长，华坪县儿童福利院（华坪儿童之家）院长，党的十七大代表。扎根贫困地区40余年，创办全国第一所全免费女子高中，帮助1800多名贫困山区女孩圆梦大学，是为教育事业奉献一切的“张妈妈”。探索形成“党建统领教学、革命传统立校、红色文化育人”特色教学模式，用红色基因树人铸魂。拖着病体忘我工作，持续14年家访超过1600户，行程超11万余公里。荣获“全国脱贫攻坚楷模”“全国优秀共产党员”“全国先进工作者”“时代楷模”等称号。

★ **陆元九** ★

陆元九，男，汉族，1920年1月生，1982年12月入党，安徽来安人，中国航天科技集团有限公司科技委顾问，中国科学院院士、中国工程院院士。第三届全国人大代表，第五、六、七届全国政协委员。我国自动化科学技术开拓者之一。作为早期出国留学的博士，新中国成立初期，突破重重阻力毅然回到祖国怀抱，潜心研究，矢志奉献。首次提出“回收卫星”概念，创造性运用自动控制观点和方法对陀螺及惯性导航原理进行论述，为“两弹一星”工程及航天重大工程建设作出卓越贡献。荣获“航天奖”。

★ **陈红军** ★

陈红军，男，汉族，1987年3月生，2009年4月入党，2020年6月牺牲，甘肃两当人，中国人民解放军某部原分队长。新时代革命军人的杰出代表，坚守高原边防10年，带领官兵完成各种急难险重任务。2020年6月15日，奉命带队前往一线紧急支援，在同外军战斗中，英勇作战、誓死不屈，为捍卫祖国领土主权、维护国家核心利益壮烈牺牲。被追授“卫国戍边英雄”荣誉称号。

★林　丹★

林丹，女，汉族，1948年12月生，1985年8月入党，福建福州人，福建省福州市鼓楼区东街街道军门社区党委书记，党的十七大、十八大代表。社区工作者的杰出代表，扎根社区40余年，始终为民爱民，当好党的“传声筒”、群众的“服务员”，脚踏实地做好社区每一项工作。以党建为引领，创新社区治理模式，推行“一趟不用跑、最多跑一趟”服务，设立居民恳谈日、居家养老服务中心等，把党的工作做到群众心坎上，被群众亲切地称为“小巷总理”。荣获“全国优秀共产党员”“全国三八红旗手标兵”等称号。

★卓　嘎★

卓嘎，女，藏族，1961年9月生，1996年7月入党，西藏隆子人，西藏自治区隆子县玉麦乡玉麦村农民，西藏自治区妇联副主席（兼职），第十三届全国人大代表。爱国守边精神的传承者，秉持“家是玉麦、国是中国”的坚定信念，数十年如一日以抵边放牧、巡逻的方式守护数千平方公里的国土，国旗挂遍走过的每一条路，践行了“再苦再累也要守好祖国的每一寸土地”的承诺。积极宣讲党的恩情，引导群众听党话、感党恩、跟党走。荣获“全国三八红旗手标兵”“时代楷模”等称号。

★ 周永开 ★

周永开，男，汉族，1928年3月生，1945年8月入党，四川巴中人，四川省原达县地委副书记。一生追随党、赤诚为人民。新中国成立前，冒着生命危险在川北地区开展党的地下工作。新中国成立后，全心全意为百姓造福，恪尽职守推动地方发展、脱贫攻坚、改善民生和生态建设，是群众心中的“草鞋书记”。离休后带领群众植树造林，在当地建成国家级自然保护区，被亲切地称为“周老革命”。荣获“全国优秀共产党员”“全国离退休干部先进个人”等称号。

★ 柴云振 ★

柴云振，男，汉族，1926年11月生，1949年12月入党，2018年12月去世，四川岳池人，四川省岳池县财政局原副县级离休干部。九死一生的战斗英雄，先后参加解放战争、抗美援朝，被称为“活着的黄继光”，是《谁是最可爱的人》原型之一。1951年在抗美援朝朴达峰阻击战中，杀敌百余人，浴血奋战到孤身一人。1952年伤残复员回乡务农，从不提及自己的功绩，为党和人民默默奉献了一辈子。荣获志愿军“一级战斗英雄”荣誉称号，被朝鲜授予“一级自由独立勋章”。

★ 郭瑞祥 ★

郭瑞祥，男，汉族，1920 年 12 月生，1937 年 3 月入党，河北魏县人，贵州省都匀军分区原副政治委员。矢志坚守初心的红军战士。16 岁投身革命，抗日战争时期，先后参加冀南战斗、反“扫荡”战役、肖渠战斗、曹县东南反顽战役等，作战英勇。解放战争时期，在情况非常危急、部队成分不纯的情况下，及时整顿健全组织、加强党的领导，有效挽救危局。离休后生活简朴，始终保持红军的政治本色。荣获“三级独立自由勋章”“三级解放勋章”“独立功勋荣誉章”。

★ 黄大发 ★

黄大发，男，汉族，1935 年 11 月生，1959 年 11 月入党，贵州遵义人，贵州省遵义市播州区平正仡佬族乡原草王坝村党支部书记。一心为民、埋头苦干、百折不挠的楷模。带领村民历时 36 年，在悬崖绝壁上开凿出一条主渠长 7200 米、支渠长 2200 米的“生命渠”，用实干兑现“水过不去、拿命来铺”的誓言，为改善山区群众用水条件、实现脱贫致富作出巨大贡献，被誉为“当代愚公”。荣获“全国劳动模范”“时代楷模”等称号。

★ 黄文秀 ★

黄文秀，女，壮族，1989 年 4 月生，2011 年 6 月入党，2019 年 6 月去世，广西田阳人，广西壮族自治区百色市委宣传部理论科原副科长、乐业县新化镇百坭村党支部原第一书记。在脱贫攻坚一线挥洒汗水、忘我奉献的新时代青年党员干部的优秀代表。研究生毕业后，放弃大城市的工作机会，主动请缨到贫困村任第一书记，把生命奉献给脱贫攻坚事业，谱写了新时代青春之歌。被追授"全国脱贫攻坚楷模"荣誉称号和"全国优秀共产党员""时代楷模"等称号。

★ 黄宝妹 ★

黄宝妹，女，汉族，1931 年 12 月生，1952 年 11 月入党，上海人，原上海第十七棉纺织厂工会副主席，党的八大代表。新中国纺织工人的优秀代表，国家发展的见证者、参与者、奉献者。为实现"全国人民穿好衣"的梦想，勤勤恳恳干了一辈子，在平凡的岗位上干出了不平凡的业绩。退休后坚持发光发热，参与多地多个棉纺厂建设，积极服务居民群众，参加上海市百老德育讲师团，宣讲劳模精神、宣讲党的优良传统。两次荣获"全国劳动模范"称号。

★ 崔道植 ★

崔道植，男，朝鲜族，1934 年 6 月生，1953 年 12 月入党，吉林梅河口人，黑龙江省公安厅刑事技术处原正处级侦查员。我国第一代刑事技术警察、中国首席枪弹痕迹鉴定专家。60 余年刑侦生涯，检验鉴定 7000 余件痕迹物证，参与办理 1200 余起重特大案件疑难痕迹检验鉴定，无一差错。研发现场痕迹物证图像处理、枪弹痕迹自动识别系统，填补国内多项技术空白。80 多岁高龄仍忘我工作，参与破获久侦未破的系列案件。荣获“全国公安系统一级英雄模范”“全国离退休干部先进个人”等称号。

★ 蓝天野 ★

蓝天野，男，汉族，1927 年 5 月生，1945 年 9 月入党，2022 年 6 月 8 日逝世，河北饶阳人，北京人民艺术剧院原演员、导演。将一生奉献给人民文艺事业。青年时代参加革命，从事进步文艺活动。新中国成立后，出演或导演《蜕变》《茶馆》《家》等数十部优秀文艺作品，塑造众多经典人物形象。传承艺术艺德，发掘和培养一大批文艺界领军人才，为中国话剧艺术繁荣发展作出重大贡献。荣获“全国优秀共产党员”称号和“中国戏剧奖·终身成就奖”“全国德艺双馨终身成就奖”等。

★ 魏德友 ★

魏德友，男，汉族，1940 年 11 月生，1983 年 6 月入党，山东沂水人，新疆生产建设兵团第九师 161 团 1 连退休职工。兵团精神的典型代表。把家安在边境线上，为国巡边 50 多年，劝返和制止临界人员千余人次，管控区内未发生一起涉外事件，他的家被称为“不换防的夫妻哨所”。巡边总里程达 20 多万公里，相当于绕赤道 5 圈，被誉为边境线上的“活界碑”。荣获“全国道德模范”“时代楷模”等称号。

★ 瞿独伊 ★

瞿独伊，女，汉族，1921 年 11 月生，1946 年 8 月入党，2021 年 11 月去世，浙江萧山人，新华通讯社原国际新闻编辑部干部。赓续红色基因的革命先烈后代。1941 年被捕入狱，面对敌人威逼利诱，绝不屈服。立足本职岗位，勤勤恳恳奉献。开国大典上，用俄语向全世界播出毛泽东主席讲话，作为我国第一批驻外记者赴莫斯科建立新华社记者站，其间多次担任周恩来总理和中国访苏代表团的翻译。一生淡泊名利，从不向党伸手，从不搞特殊化，始终保持共产党员的精神品格和崇高风范。

“八一勋章”受勋者

2017年7月28日，中央军委在北京隆重举行颁授“八一勋章”和授予荣誉称号仪式。中共中央总书记、国家主席、中央军委主席习近平向“八一勋章”获得者麦贤得、马伟明、李中华、王忠心、景海鹏、程开甲、韦昌进、王刚、冷鹏飞、印春荣等同志依次颁授勋章和证书，向获得荣誉称号的单位颁授荣誉奖旗。

2022年7月27日，中央军委在北京隆重举行颁授“八一勋章”和荣誉称号仪式。中共中央总书记、国家主席、中央军委主席习近平向“八一勋章”获得者杜富国、钱七虎、聂海胜颁授勋章和证书，向获得荣誉称号的单位颁授荣誉奖旗。

★ 麦贤得 ★

麦贤得，男，汉族，广东饶平人，1945年12月出生，1963年12月入伍，原91708部队副部队长。1965年“八六”海战中，他任611号护卫艇机电兵，在抢修意外停车的后左主机时，被弹片击中右前额。在弹片插入头部、脑浆溢出粘住眼角、睫毛的情况下，他以惊人的毅力、顽强的意志坚持战斗3个小时，凭着平时练就的“夜老虎”硬功夫，在几十条管路、数百个螺丝里，检查出1个只有手指头大小、被震松的油阀螺丝，成功排除故障，保证了机器正常运转和舰艇安全。1966年被国防部授予“战斗英雄”荣誉称号。

★ 马伟明 ★

马伟明，男，汉族，江苏扬中人，1960年4月出生，1978年10月入伍，现任海军工程大学电气工程学院电力电子技术研究所主任，中国工程院院士。长期致力于舰船电力系统领域研究，取得多项重大创新成果，研制的舰船发供电系统、中压直流综合电力系统，实现我国舰船动力从落后到引领的跨越；带领团队在某技术领域取得重要突破，实现与世界强国同步发展，多型装备属国际首创；攻克某颠覆性技术关键瓶颈，为我国锻造制胜深蓝的国之重器作出突出贡献。多次获国家和军队科学技术进步奖，荣立一等功2次。2015年，他领衔的科研团队被海军授予“创新强军马伟明模范团队”荣誉称号。

★ 李中华 ★

李中华，男，汉族，辽宁新宾人，1961年9月出生，1983年7月入伍，空军指挥学院原训练部副部长。先后驾驶和试飞歼击、轰炸、运输3个机种26种机型，安全飞行3150小时，成功处置15次空中重大险情、5次空中特大险情。他勇闯世界航空界“死亡陷阱”，圆满完成歼教-7飞机失速尾旋试飞任务，拓展了国产战机性能，填补了我国航空领域该项空白。在歼-10飞机定型试飞中，他完成57个一类风险课目，飞出了歼-10飞机最大飞行表速、最大动升限、最大过载值、最大迎角、最大瞬时盘旋角速度和最小飞行速度6项纪录，为歼-10飞机最终定型作出了重大贡献。被表彰为全军优秀共产党员、全军爱军精武标兵，2次荣获国家科学技术进步奖特等奖。2007年被中央军委授予“英雄试飞员”荣誉称号。

★ 王忠心 ★

王忠心，男，汉族，安徽休宁人，1968年10月出生，1986年12月入伍，一级军士长。入伍30多年来，他在平凡战位上用非凡业绩演绎出“兵王”传奇，熟练操作3种型号导弹武器，精通19个导弹测控岗位，执行重大任务28次，参加实装操作训练1300多次，没有下错一个口令、连错一根电缆、报错一个信号、记错一个数据、按错一个按钮，排除故障200余次，写下近20万字导弹专业学习笔记，参与20余本教案和规程编写，被官兵誉为“操作王”“排故王”“示教王”。先后被评为全国道德模范、全军爱军精武标兵、优秀共产党员、践行当代革命军人核心价值观新闻人物、百名好班长新闻人物，原第二炮兵十大砺剑尖兵、十大优秀士官、十大好班长标兵，3次获全军士官优秀人才奖，2015年被原第二炮兵授予“践行强军目标模范士官”荣誉称号。

★ 景海鹏 ★

景海鹏，男，汉族，山西运城人，1966 年 10 月出生，1985 年 6 月入伍，现任解放军航天员大队大队长、航天员系统副总指挥。1998 年被选拔为我国首批航天员。2008 年 9 月，他奉命执行神舟七号载人飞行任务，与另外两名航天员密切配合，实现中国人首次太空行走；2012 年 6 月，再次执行载人飞行任务并担任指令长，圆满完成天宫一号与神舟九号载人交会对接任务。2016 年 6 月，他再次奉命担任指令长，执行天宫二号与神舟十一号载人飞行任务，圆满完成与天宫二号交会对接，首次实现我国航天员中期在轨驻留，成为执行载人飞行任务次数最多的航天员，成就了三巡苍穹的中国奇迹。先后获国家科学技术进步奖特等奖 1 项、一等奖 1 项，2008 年被中共中央、国务院、中央军委授予“英雄航天员”荣誉称号。

★ 程开甲 ★

程开甲，男，汉族，江苏吴江人，1918 年 8 月出生，1962 年 11 月入伍，2018 年 11 月逝世。原国防科工委科技委正军职常任委员、教授，中国科学院院士，我国著名理论物理学家。他是忠诚奉献、科技报国的“两弹一星”元勋，是我国核武器事业开创者、核试验科学技术体系创建者之一，他先后参与和主持了首次原子弹、氢弹试验，以及两弹结合飞行试验等在内的多次核试验，为我国核武器事业发展作出了卓越功勋。他还带出一支高水平人才队伍，培养出 9 位院士和 30 多位将军，取得丰硕科技成果。先后获全国科学大会奖、国家科学技术进步奖特等奖、国家最高科学技术奖，1999 年被中共中央、国务院、中央军委授予“两弹一星功勋奖章”。

★ 韦昌进 ★

韦昌进，男，汉族，江苏溧水人，1965年11月出生，1983年10月入伍，现任上海警备区副政委。1985年3月至1986年6月，他随部队参加边境作战。1985年7月，其所在排负责坚守某无名高地。19日凌晨，敌军以2个营加强1个连的兵力，向无名高地进攻，企图撕破我军防线。激战中，他被弹片击中左眼、穿透右胸，全身22处负伤，仍然强忍剧痛坚持战斗。当身边4位战友相继牺牲后，他毅然用报话机向上级呼喊："为了祖国，为了胜利，向我开炮！向我开炮！"引导炮兵先后打退敌军8次连排规模反扑，独自坚守战位11个小时，牢牢守住了阵地，为战斗胜利作出了突出贡献。1986年被中央军委授予"战斗英雄"荣誉称号。1991年被国家和军队表彰为"全国自强模范"，2009年被评为"100位新中国成立后为国防和军队建设作出重大贡献、具有重大影响的先进模范人物"。

★ 王　刚 ★

王刚，男，汉族，新疆阿克苏人，1972年12月出生，1991年12月入伍，现任武警新疆维吾尔自治区总队某支队支队长。在南疆反恐维稳最前沿战斗24年，参与处置10多起严重暴力恐怖事件，为维护新疆社会稳定作出突出贡献。2002年2月20日，王刚带领8名特战队员突击暴恐分子窝点，一脚踢开即将爆炸的爆炸物，与战友合力击毙暴徒4人，击伤活捉1人，缴获枪支2支、手雷2枚、炸药20公斤。2015年9月，他带领官兵在拜城高原山区连续搜剿50余天，奋不顾身冲进暴恐分子藏身山洞，一举击毙多名暴徒。2003年2月24日，巴楚县发生7.2级地震，他在左腿受伤的情况下，带领官兵连续奋战13个昼夜进行抢险救援，被灾区群众称为"永不疲倦的好巴郎"。先后荣立一等功2次，被武警部队表彰为"维稳工作先进个人"、第十九届"中国武警十大忠诚卫士"。

★ 冷鹏飞 ★

冷鹏飞，男，汉族，湖北浠水人，1933年1月出生，1956年2月入伍，原81032部队副军职调研员。1969年3月2日，在边境作战中，时任营长的他组织炮火英勇还击，摧毁敌指挥车、卡车各1辆，与边防巡逻队密切协同，驱逐了入侵敌军。3月15日凌晨4时许，敌军60余人在6辆装甲车的掩护下，企图偷袭我守岛部队。他奉命率1个加强排立即登岛，依托有利地形与敌军对峙。战斗中他身负重伤，左臂被打断，用树枝夹绑住胳膊继续战斗，以顽强的毅力指挥守岛部队与敌军激战9个小时，顶住了6次炮袭、3次进攻，以小的代价赢得了大的胜利。1969年被中央军委授予“战斗英雄”荣誉称号。

★ 印春荣 ★

印春荣，男，汉族，云南昌宁人，1964 年 7 月出生，1982 年 10 月入伍，现任国家移民管理局机关党委专职副书记。奋战在缉毒战线 28 年，数百次深入情况最复杂、毒情最严峻的边境一线调研摸排，精准分析边境制毒贩毒规律特点，30 多次打入贩毒集团内部侦查，一次次将贩毒分子绳之以法。作为侦办主力，他先后参与破获贩毒案件 3234 起，抓获犯罪嫌疑人 4246 名，缴获各类毒品 4.62 吨、易制毒化学品 487 吨、毒资 3520 余万元，个人参与缉毒量创公安边防部队之最。被评为“中国十大杰出青年”“我最喜爱的十大人民警察”，2006 年被公安部授予“全国公安系统二级英雄模范”荣誉称号。

★ 杜富国 ★

杜富国，男，汉族，贵州湄潭人，1991 年 11 月出生，2010 年 12 月入伍，现任南部战区陆军某扫雷排爆大队一级上士。他是忠诚使命、英勇无畏的排雷英雄。2015 年 6 月，主动请缨参加中越边境扫雷任务，刻苦训练掌握 10 余种排雷方法，3 年多累计进出雷场 1000 余次，排除地雷和爆炸物 2400 余枚，处置各类险情 20 余起。2018 年 10 月 11 日，在云南省麻栗坡县老山西侧坝子雷场排雷作业时，面对一枚局部露出地面的加重手榴弹，他对同组战友喊出“你退后，让我来”，在进一步查明情况时突遇爆炸，生死瞬间他扑向战友一侧，遮挡住爆炸冲击波和弹片，自己永远失去了双手双眼。受伤后，杜富国做了多次手术，全身留下近 70 处伤疤，但他始终保持乐观心态和昂扬状态，坚持每天练习播音，成为战区陆军微信公众号播音员，担任重庆市特殊教育中心校外辅导员，先后赴北京大学等军地单位宣讲 30 余次，讲述强军故事，激励更多新时代追梦人奋勇前行。荣立一等功 1 次，被评为“感动中国 2018 年度人物”，被表彰为“全国优秀共产党员”“全国自强模范”。2019 年被中央军委授予“排雷英雄战士”荣誉称号。

★ 钱七虎 ★

钱七虎，男，汉族，江苏昆山人，1937年10月出生，1954年8月入伍，原解放军理工大学国防工程学院爆炸冲击防灾减灾国家重点实验室教授，中国工程院院士。他是科技强军、为国铸盾的防护工程专家，是现代防护工程理论的奠基人、防护工程学科的创立者。20世纪60年代，他以优异成绩从国外军事工程学院毕业，怀揣许党报国的坚定信念，回国投身现代防护工程建设事业。50多年来，他勇攀科技高峰，建立从浅埋工程到深埋工程防护、从单体工程到工程体系防护、从常规抗力到超高抗力防护等学术理论与技术体系，制定我国首部人防工程防护标准，创建我国防护工程人才培养体系，解决核武器和常规武器工程防护一系列关键技术难题，为我国防护工程发展作出巨大贡献。取得国家科学技术进步奖一等奖、军队科学技术进步奖一等奖等，获国家最高科学技术奖。退休后，仍活跃在国家战略防护工程建设前沿，积极为川藏铁路建设、渤海湾海底隧道论证建言献策，将国家最高科学技术奖800万元奖金全部捐助贫困学生，捐款650万元支持武汉抗击新冠肺炎疫情。荣立一等功1次、三等功2次，被表彰为全国优秀共产党员、全国道德模范。

★ 聂海胜 ★

聂海胜，男，汉族，湖北枣阳人，1964 年 9 月出生，1983 年 6 月入伍，现任解放军航天员大队特级航天员。他是矢志报国、三巡太空的英雄航天员。1998 年入选我国首批航天员，经过多年刻苦训练，圆满完成基础理论、专业技术、任务模拟等八大类上百个科目的训练任务，以优异成绩通过各项考核。2005 年 10 月，执行神舟六号载人飞行任务，与同乘组航天员密切配合，实现从“一人一天”到“多人多天”航天飞行的重大跨越；2013 年 6 月，执行神舟十号载人飞行任务并担任指令长，顺利实现与天宫一号目标飞行器自动和手动控制交会对接；2021 年 6 月，执行神舟十二号载人飞行任务并担任指令长，57 岁再上太空，圆满完成与天和核心舱自主快速交会对接任务，在轨驻留 3 个月，精心组织空间站两次出舱活动，有效检验我国新一代舱外航天服的功能性能、航天员与机械臂协同工作能力，实现中国人首次进入自己的空间站，成为首位在轨 100 天的中国航天员。他一心只为飞天，始终用遨游太空的壮丽航迹书写对党的无限忠诚，是新时代中国航天事业无数奋斗者攀登者的代表。荣立二等功 2 次、三等功 2 次，2005 年被中共中央、国务院、中央军委授予“英雄航天员”荣誉称号，荣获“一级航天功勋奖章”。

“友谊勋章”受勋者

从 2018 年至 2020 年，国家主席习近平向俄罗斯总统普京、哈萨克斯坦首任总统纳扎尔巴耶夫等 9 人颁授了“友谊勋章”。他们中年龄最小的 64 岁，最大的 104 岁，多人是外国政要，也有致力于中外民间交流交往的国际友人。

首位“友谊勋章”获得者：俄罗斯总统普京。

第二位“友谊勋章”获得者：哈萨克斯坦首任总统纳扎尔巴耶夫。

6 位获得“友谊勋章”的国际友人：劳尔·卡斯特罗·鲁斯（古巴）、玛哈扎克里·诗琳通（女，泰国）、萨利姆·艾哈迈德·萨利姆（坦桑尼亚）、加林娜·维尼阿米诺夫娜·库利科娃（女，俄罗斯）、让－皮埃尔·拉法兰（法国）、伊莎白·柯鲁克（女，加拿大）。

第九位“友谊勋章”获得者：柬埔寨太后莫尼列。

劳尔·卡斯特罗·鲁斯

劳尔·卡斯特罗·鲁斯，男，1931 年 6 月生，古巴籍，曾任古巴共产党中央委员会第一书记。古巴革命领袖，长期担任古巴党和政府重要职务。对华友好，积极促成古巴在拉美地区率先同新中国建交，是中古关系的重要奠基人、中拉关系的积极倡导者和推动者。将对华关系确立为古巴外交的优先发展方向，并坚定致力于将古中友谊发扬光大，在重大问题上坚定支持中国，高度认同习近平总书记提出的构建人类命运共同体倡议，强调中国是维护国际和平稳定、促进共同发展繁荣的关键建设性力量，支持中国在国际和地区事务中发挥更大作用。

★ 玛哈扎克里·诗琳通 ★

玛哈扎克里·诗琳通，女，1955年4月生，泰国籍，泰王国扎克里王朝王室主要成员。深受泰国民众爱戴。对华十分友好并怀有深厚感情，中国文学、历史文化造诣深厚。已访华48次，足迹遍布大江南北，广泛、全面、深入了解中国，积极推广中国传统文化，传播中泰友好，为中泰关系发展作出了不可替代的杰出贡献。曾参加我国庆祝香港、澳门回归和北京奥运会等重大活动，在涉及中方重大利益问题上坚定支持中国。心系中国人民，在汶川、玉树地震等重大自然灾害发生后第一时间伸出援手。

★ 萨利姆·艾哈迈德·萨利姆 ★

萨利姆·艾哈迈德·萨利姆，男，1942年1月生，坦桑尼亚籍，坦桑尼亚前总理、前外长，坦中友协会长。非洲知名外交家，长期担任非洲统一组织（现非洲联盟的前身）秘书长。对华怀有深厚友好感情，是中国人民的老朋友、好朋友，为巩固和促进中坦、中非友好合作、恢复我国在联合国合法席位作出杰出贡献，并与我国老一辈领导人结下深厚情谊。高度赞赏我国发展成就，始终主张中非应不断加强友好交流合作，支持中国在维护非洲和平与发展过程中发挥积极重要作用。曾多次访华并出席中非合作论坛有关活动。

★加林娜·维尼阿米诺夫娜·库利科娃★

加林娜·维尼阿米诺夫娜·库利科娃，女，1935年2月生，俄罗斯籍，俄中友协第一副主席、俄罗斯科学院远东所高级研究员、著名汉学家。1957年参与创建苏中友协，1960年进入苏联对外友协工作。1989年当选为苏中友协第一副主席并赴苏联（俄罗斯）驻华使馆工作，始终致力于发展同中国的友好关系，为推动中苏（俄）民间外交作出杰出贡献。已80多岁的她仍坚持工作在中俄民间交往第一线。其根据亲身经历撰写的《俄罗斯和中国：民间外交》一书，用大量翔实的图文资料真实记录了两国人民70年的友好交往历史。曾获“中国语言文化贡献奖”和全国对外友协“人民友好使者”称号。

★让－皮埃尔·拉法兰★

让－皮埃尔·拉法兰，男，1948年8月生，法国籍，法国前总理、法国政府中国事务特别代表。长期活跃在国际舞台，拥有重要国际影响力，长期致力于促进中法友好和中法全方位合作，是中国人民的老朋友，在中国享有较高声誉。曾作为法国总理在“非典”期间坚持如期访华，给予中国人民极大政治和情感支持。大力推动“一带一路”合作，曾作为法国总统代表出席首届“一带一路”国际合作高峰论坛，积极为法国、欧洲各界客观认识、积极参与“一带一路”合作建言献策。发挥“中国通”优势，利用各种场合和平台宣介中国，增进中法友谊，与夫人合著《中国的启示》一书并在我国出版。积极推动世界和平与发展事业，为推动解决国际和地区问题奔走努力。

★伊莎白·柯鲁克★

伊莎白·柯鲁克，女，1915年12月生，加拿大籍，北京外国语大学终身荣誉教授。1980年国务院批准认定的第一批“外国老专家”。生于中国成都，经历了抗日战争、解放战争和新中国成立的历史时期。1947年，为考察和报道中国解放区土改运动，与丈夫大卫·柯鲁克穿越重重封锁来到边区，完成了《十里店——中国一个村庄的革命》这部具有重要影响的著作。1948年，应中国共产党邀请，留在南海山中央外事学校（北京外国语大学前身）任教。在北京外国语大学工作半世纪之久，在英语教学、教育改革等方面革故鼎新，是新中国英语教学的拓荒人，为新中国培养了大量外语人才，为中国教育事业和对外友好交流作出杰出贡献。

国家荣誉称号获得者

2019 年 9 月 17 日，国家主席习近平签署主席令，根据十三届全国人大常委会第十三次会议 17 日下午表决通过的全国人大常委会关于授予国家勋章和国家荣誉称号的决定，授予于漪、卫兴华、王蒙、王文教、王有德、王启民、王继才、艾热提·马木提等 28 人国家荣誉称号。

"人民科学家"国家荣誉称号获得者：叶培建、吴文俊、南仁东（满族）、顾方舟、程开甲。

"人民教育家"国家荣誉称号获得者：于漪（女）、卫兴华、高铭暄。

"人民艺术家"国家荣誉称号获得者：王蒙、秦怡（女）、郭兰英（女）。

"人民英雄"国家荣誉称号获得者：艾热提·马木提（维吾尔族）、申亮亮、麦贤得、张超。

"人民楷模"国家荣誉称号获得者：王文教、王有德（回族）、王启民、王继才、布茹玛汗·毛勒朵（女，柯尔克孜族）、朱彦夫、李保国、都贵玛（女，蒙古族）、高德荣（独龙族）。

"民族团结杰出贡献者"国家荣誉称号获得者：热地（藏族）。

"'一国两制'杰出贡献者"国家荣誉称号获得者：董建华。

"外交工作杰出贡献者"国家荣誉称号获得者：李道豫。

"文物保护杰出贡献者"国家荣誉称号获得者：樊锦诗（女）。

2020年8月11日，国家主席习近平签署主席令，根据十三届全国人大常委会第二十一次会议8月11日表决通过的全国人大常委会关于授予在抗击新冠肺炎疫情斗争中作出杰出贡献的人士国家勋章和国家荣誉称号的决定，授予张伯礼、张定宇、陈薇"人民英雄"国家荣誉称号。

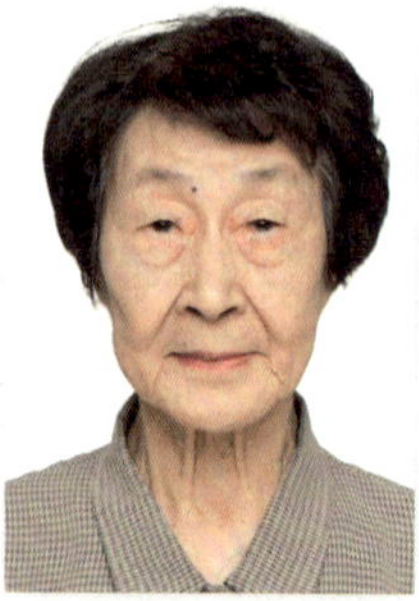

★ 于　漪 ★

于漪，女，汉族，中共党员，1929年2月生，江苏镇江人，上海市杨浦高级中学名誉校长，曾任全国语言学会理事、全国中学语文教学研究会副会长。她长期躬耕于中学语文教学事业，坚持教文育人，推动“人文性”写入全国《语文课程标准》。主张教育思想和教学实践同步创新，撰写数百万字教育著述，许多重要观点被教育部门采纳，为推动全国基础教育改革发展作出突出贡献。荣获“全国三八红旗手”“全国先进工作者”“改革先锋”等称号。

★ 卫兴华 ★

卫兴华，男，汉族，中共党员，1925年10月生，2019年12月逝世，山西五台人，中国人民大学经济学系原主任、教授，曾任国务院学位委员会经济学科评议组成员。他是我国著名经济学家和经济学教育家，长期从事《资本论》研究，为马克思主义政治经济学中国化作出重要贡献，主编的《政治经济学原理》教材是全国影响力和发行量最大的教材之一。他提出的商品经济论、生产力多要素论等，在经济学界影响广泛。荣获孙冶方经济科学奖第一、二届论文奖。

★王　蒙★

王蒙，男，汉族，中共党员，1934年10月生，河北南皮人，中国作家协会名誉副主席，原文化部部长，第八、九、十届全国政协委员。他作为与共和国共同成长的文学创作者，见证了中国当代文学的发展之路。其作品《青春万岁》《组织部新来的青年人》《活动变人形》《这边风景》等具有代表性和开拓性意义，被译成二十多种文字在各国出版。发掘培养了一大批优秀青年作家，为中国当代文学繁荣发展作出突出贡献。荣获第九届茅盾文学奖、全国优秀短篇小说奖。

★王文教★

王文教，男，汉族，中共党员，1933年11月生，福建南安人，原国家羽毛球队总教练，第五、六届全国政协委员。1954年，他为振兴新中国羽毛球事业，从印尼回到祖国，曾多次获得全国羽毛球赛男子单打、双打冠军。退役后先后执教福建羽毛球队、国家羽毛球队，在他任总教练期间，中国羽毛球队获得了1982、1986、1988、1990年汤姆斯杯团体赛冠军，涌现出56个世界单项冠军。荣获国际羽联“终身成就奖”。

★ 王有德 ★

王有德，男，回族，中共党员，1953年9月生，宁夏灵武人，宁夏灵武白芨滩国家级自然保护区管理局党委原书记、局长，第十届全国人大代表。他带领职工大力推进防沙治沙，营造防风固沙林60万亩，控制流沙近百万亩，有效阻止毛乌素沙漠的南移和西扩，呈现出人进沙退的可喜局面。探索形成“宽林带、多网络、多树种、高密度、乔灌混交”的防沙治沙模式，实现了“沙漠绿、场子活、职工富”的奋斗目标，为全国防沙治沙提供了宝贵经验。荣获“全国优秀共产党员”“全国先进工作者”“全国治沙英雄”“改革先锋”等称号。

★ 王启民 ★

王启民，男，汉族，中共党员，1937年9月生，浙江湖州人，大庆油田有限责任公司原总经理助理。他发扬“大庆精神”和“铁人精神”，敢于挑战油田开发极限，研究并提出了“分阶段多次布井开发调整”理论，其中表外储层开发利用技术突破了国内外认为不能开采的禁区。他主持的油田高含水后期“稳油控水”项目研究，为大庆油田实现27年5000万吨以上高产高效持续开发作出重要贡献。荣获“全国先进工作者”“全国优秀共产党员”“改革先锋”等称号。

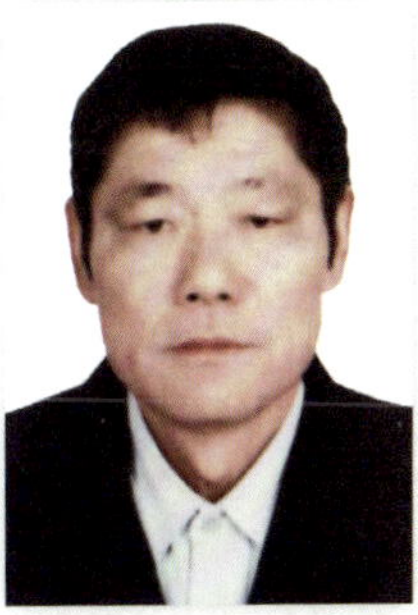

★ 王继才 ★

王继才，男，汉族，中共党员，1960年4月生，2018年7月去世，江苏灌云人，江苏省开山岛民兵哨所原所长、燕尾镇开山岛村原党支部书记。1986年开始，他和妻子奉命守卫开山岛，32年如一日排除困难、坚守孤岛、为国戍海，自己动手修缮营房、建设哨所，坚持每天巡海岛、护航标、写日志，坚决与走私、偷渡等不法分子作斗争，有力捍卫了国家利益，把人生最美好的年华无私奉献给国防和海防事业。荣获“全国优秀共产党员”“全国爱国拥军模范”等称号。

★ 艾热提·马木提 ★

艾热提·马木提，男，维吾尔族，中共党员，1969年10月生，2016年9月去世，新疆皮山人，新疆维吾尔自治区和田地区皮山县公安局原副局长。从警27年始终战斗在基层一线，紧紧围绕社会稳定和长治久安总目标，充分发挥反恐处突实战经验丰富的优势，事事冲锋在前，带领公安干警成功侦破一系列案件。2016年9月在搜捕公安部A级逃犯时遇自杀式爆炸袭击，身负重伤，经全力抢救无效，壮烈牺牲。他以大无畏的牺牲精神诠释了一名人民警察忠诚于党、忠诚于人民的铮铮誓言。荣获“全国公安系统一级英雄模范”称号。

布茹玛汗·毛勒朵

布茹玛汗·毛勒朵，女，柯尔克孜族，中共党员，1942年6月生，新疆乌恰人，新疆维吾尔自治区乌恰县吉根乡护边员。她长期扎根于祖国边疆，无怨无悔、默默无闻地将青春年华奉献给祖国的守边事业，在平均海拔4000米以上的冬古拉玛边防线上50多年如一日巡边护边，每天最少要走20公里山路，在她守护的山口，创造出无一例人畜越境事件的守边业绩。她积极宣传爱国护边工作，在边境线的许多石头上刻下“中国”两个字，这些“中国石”成为当地护边守边、彰显爱国情怀的象征。荣获“全国爱国拥军模范”“全国三八红旗手”“全国民族团结进步模范个人”等称号。

叶培建

叶培建，男，汉族，中共党员，1945年1月生，江苏泰兴人，中国空间技术研究院技术顾问、研究员，中国科学院院士。他是嫦娥一号总设计师兼总指挥，嫦娥三号探测器系统首席科学家，嫦娥二号、嫦娥四号、嫦娥五号试验器总指挥、总设计师顾问，在各号嫦娥方案的选择和确定、关键技术攻关、大型试验策划与验证、嫦娥四号首次实现月背软着陆等方面发挥了重要作用。荣获国家科学技术进步奖特等奖。

★ 申亮亮 ★

申亮亮，男，汉族，中共党员，1987 年 8 月生，2016 年 6 月去世，河南温县人，原 65307 部队 70 分队班长。他从军报国信念坚定，军事技能训练刻苦，熟练掌握连属主战装备，精通运输车、瞄杆钻车、挖掘装载机等装备操作，成为“一专多能”型骨干，入选集团军“百名专业技术能手”人才库。2016 年 5 月赴马里执行第四批维和任务，在执行任务中遭遇恐怖袭击，果断指挥战友向目标射击，在汽车炸弹爆炸瞬间将战友推离，用自己的生命换回了部队其他人员的平安，被评为烈士并追记一等功。

★ 朱彦夫 ★

朱彦夫，男，汉族，中共党员，1933 年 7 月生，山东沂源人，山东省沂源县西里镇张家泉村原党支部书记。1947 年参军，经历战斗上百次，在抗美援朝战场上失去了四肢和左眼，10 次负伤，3 次荣立战功。退伍后用自己的抚恤金，建图书室、办夜校，帮助农民提高文化素质。担任村党支部书记 25 年，带领群众治山治水、脱贫致富，把一个贫穷落后的山村变成了山清水秀的富裕村。他身残志坚，用残肢抱笔，历时 7 年创作两部自传体长篇小说《极限人生》和《男儿无悔》。荣获“全国优秀共产党员”“全国道德模范”“全国自强模范”等称号。

★ **麦贤得** ★

麦贤得（见P146页）

★ **李保国** ★

李保国，男，汉族，中共党员，1958年2月生，2016年4月去世，河北武邑人，河北农业大学教授。他始终奋战在科技兴农、脱贫攻坚和教书育人第一线，先后取得研究成果28项，获得省部级以上奖励18项，培育了16个山区开发治理先进典型，带动10万山区农民增收58.5亿元。参与开发的聚集土壤、聚集径流“两聚”理论，使邢台前南峪森林覆盖率达到90.7%，植被覆盖率达到94.6%。荣获“全国优秀共产党员”“全国先进工作者”“全国脱贫攻坚模范”“改革先锋”等称号。

李道豫

李道豫，男，汉族，中共党员，1932年8月生，安徽合肥人，原中国驻美国大使，第九届全国人大常委会常委。他长期从事多边和双边外交领域工作，深度参与我国在多个重大外交问题上的决策和处理。任常驻联合国代表期间，稳妥处理第一次海湾战争爆发等重大复杂敏感问题，提升了我国国际话语权。任驻美国大使期间，积极宣传我国改革发展取得的辉煌成就，巧做工作，善于斗争，妥善处置中美关系，坚定捍卫国家利益。

吴文俊

吴文俊，男，汉族，中共党员，1919年5月生，2017年5月去世，上海市人，中国科学院数学与系统科学研究院研究员，中国科学院院士。第五、六、七、八届全国政协委员。他对数学的核心领域拓扑学作出重大贡献，开创了数学机械化新领域，对国际数学与人工智能研究影响深远。他用算法的观点对中国古算作了分析，同时提出用计算机自动证明几何定理的有效方法，在国际上被称为“吴方法”。荣获国家最高科学技术奖。

★ 张　超 ★

张超，男，汉族，中共党员，1986 年 8 月生，2016 年 4 月去世，湖南岳阳人，92950 部队原飞行中队长。2015 年 3 月，他加入舰载机部队，在很短的时间内掌握了舰载战斗机操纵特点和舰载飞行要领，飞行技战术水平得到跨越式提升。2016 年 4 月，执行任务时突遇空中险情，他果断处置，尽最大努力保住战机，被迫跳伞，不幸壮烈牺牲，年仅 29 岁。被追授为“逐梦海天的强军先锋”“全国优秀共产党员”等称号，被中央军委批准为全军挂像英模。

★ 南仁东 ★

南仁东，男，满族，1945 年 2 月生，2017 年 9 月去世，吉林辽源人，中国科学院国家天文台原首席科学家兼总工程师。他潜心天文研究，坚持自主创新，1994 年提出 500 米口径球面射电望远镜（FAST）工程概念，主导利用贵州省喀斯特洼地作为望远镜台址，从论证立项到选址建设历时 22 年，主持攻克了一系列技术难题，为 FAST 重大科学工程的顺利落成发挥关键作用。荣获“改革先锋”称号。

★ 秦　怡 ★

秦怡，女，汉族，中共党员，1922 年 1 月生，2022 年 5 月 9 日去世，上海市人，上海电影集团有限公司艺委会顾问、一级演员，政协第三、四、五届全国委员会委员。她坚持文艺为社会主义服务、以人民为中心的创作导向，主演了《铁道游击队》《青春之歌》《女篮五号》等 30 多部影片，塑造了多个脍炙人口的艺术形象。荣获“全国五一劳动奖章”“全国优秀共产党员”等称号。

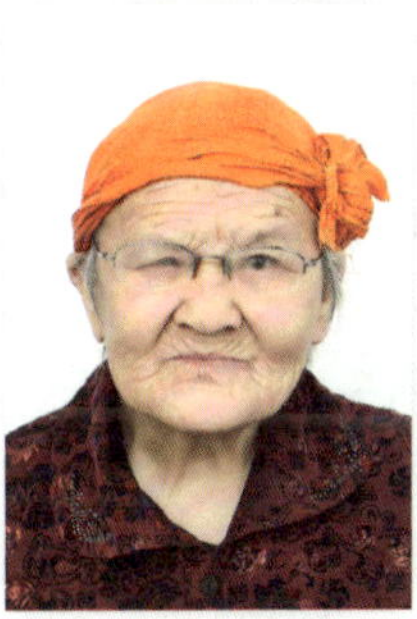

★ 都贵玛 ★

都贵玛，女，蒙古族，中共党员，1942年4月生，内蒙古四子王旗人，内蒙古自治区乌兰察布市四子王旗脑木更苏木牧民。上世纪60年代初，年仅19岁的都贵玛，主动承担28名上海孤儿的养育任务，用半个世纪的真情付出诠释了大爱无疆，为我国民族团结进步事业作出重大贡献。上世纪70年代，都贵玛自学蒙医蒙药和妇产科知识，先后挽救了40多位年轻母亲的生命。荣获“全国三八红旗手”“全国民族团结进步模范个人”等称号。

★ 热　地 ★

热地，男，藏族，中共党员，1938年8月生，西藏比如人，全国人大常委会原副委员长，第八、九、十届全国人大代表。他长期担任西藏自治区党委重要领导职务，先后配合6位自治区党委书记（第一书记）工作，积极维护班子团结和主要领导同志威信，参与西藏自治区稳定与发展各项重大决策的研究和实施，就西藏稳定与发展的若干重大问题提出观点和意见。他几十年来为西藏发展、和谐稳定、民生改善倾注了大量心血，付出了巨大努力，赢得了西藏各族人民的爱戴和尊重。

★ 顾方舟 ★

顾方舟，男，汉族，中共党员，1926年6月生，2019年1月去世，浙江宁波人，中国医学科学院北京协和医学院原院校长、研究员。他是我国脊髓灰质炎疫苗研发生产的拓荒者、科技攻关的先驱者。他研发的脊髓灰质炎疫苗“糖丸”护佑了几代中国人的生命健康，使中国进入无脊髓灰质炎时代。荣获全国科学大会成果奖和“全国消灭脊髓灰质炎工作先进个人”等称号。

★ 高铭暄 ★

高铭暄，男，汉族，中共党员，1928年5月生，浙江玉环人，中国人民大学法学院教授，中国刑法学研究会名誉会长。他是当代著名法学家和法学教育家，新中国刑法学的主要奠基者和开拓者。作为唯一全程参与新中国第一部刑法制定的学者、新中国第一位刑法学博导、改革开放后第一部法学学术专著的撰写者和第一部统编刑法学教科书的主编者，为我国刑法学的人才培养与科学研究作出重大贡献。

★ 高德荣 ★

高德荣，男，独龙族，中共党员，1954年3月生，云南贡山人，云南省怒江州人大常委会原副主任，第十届全国人大代表。他是少数民族脱贫攻坚的带头人。在任期间，科学制定发展战略，突出培育"水电、矿业、旅游、边贸"为主的特色产业群，为当地经济社会跨越式发展作出贡献。退休后，继续驻扎在独龙江河谷，跑工地、进农家，千方百计打通了独龙江乡通往山外的唯一公路，实现独龙族整族脱贫，把党和政府的关怀送到群众家中。荣获"全国优秀共产党员""全国民族团结进步模范个人"等称号。

★ 郭兰英 ★

郭兰英，女，汉族，中共党员，1930年12月生，山西平遥人，中国歌剧舞剧院一级演员，第一、二、三、五、六届全国人大代表。她为中国民族歌剧表演体系的建立和民族演唱艺术的发展作出开拓性贡献。新中国成立后，塑造了《白毛女》中的喜儿、《小二黑结婚》中的小芹等众多光彩夺目的舞台艺术形象。她演唱的《我的祖国》《南泥湾》《人说山西好风光》《八月十五月儿明》等脍炙人口的歌曲，历经半个多世纪传唱至今。

★ 董建华 ★

董建华，男，汉族，1937年7月生，浙江舟山人，全国政协副主席，政协第八、十、十一、十二、十三届全国委员会委员。他是香港特别行政区首任行政长官，为贯彻落实“一国两制”方针和《中华人民共和国香港特别行政区基本法》作出重要贡献。他带领特区政府和香港各界人士，成功抵御了亚洲金融危机、外部经济环境变化以及“非典”疫情等带来的种种困难，妥善处理诸多复杂的社会政治经济问题，维护香港的整体利益，维护国家的主权、安全和发展利益，为香港顺利回归与平稳过渡和“一国两制”成功实践作出重大的历史性贡献。

★ **程开甲** ★

程开甲（见 P148 页）

★ **樊锦诗** ★

樊锦诗，女，汉族，中共党员，1938 年 7 月生，浙江杭州人，敦煌研究院名誉院长、研究馆员，政协第八、九、十、十一、十二届全国委员会委员。她是我国文物有效保护的科学探索者和实践者，长期扎根大漠，潜心石窟考古研究，完成了敦煌莫高窟北朝、隋、唐代前期和中期洞窟的分期断代。在全国率先开展文物保护专项法规和保护规划建设，探索形成石窟科学保护的理论与方法，为世界文化遗产敦煌莫高窟永久保存与永续利用作出重大贡献。荣获“全国优秀共产党员”“全国先进工作者”“改革先锋”等称号。

★ 张伯礼 ★

张伯礼，男，汉族，中共党员，1948年2月生，河北宁晋人，中国工程院院士、医药卫生学部主任，国医大师，中国医学科学院学部委员，天津中医药大学名誉校长，中国中医科学院名誉院长，第十一、十二、十三届全国人大代表。他长期致力于中医药现代化研究，奠定中医素质教育和国际教育的标准化工作基础，推动中医药事业传承创新发展。新冠肺炎疫情发生后，他主持研究制定中西医结合救治方案，指导中医药全过程介入新冠肺炎救治，取得显著成效，为疫情防控作出重大贡献。荣获国家科学技术进步奖一等奖和“全国优秀共产党员”“全国先进工作者”等称号。

★ 张定宇 ★

张定宇，男，汉族，中共党员，1963年12月生，河南确山人，湖北省卫生健康委员会党组成员、副主任、公共卫生总师，武汉市金银潭医院原院长。他长期在医疗一线工作，曾带队赴汶川抗震救灾，多次参加国际医疗援助。2019年12月29日，在收治首批7名不明原因肺炎患者后，他立即组建隔离病区，率先采集样本开展病毒检测，组织动员遗体捐献，为确认新冠病毒赢得了时间，为开展新冠肺炎病理研究创造了条件。作为渐冻症患者，他冲锋在前，身先士卒，带领金银潭医院干部职工共救治2800余名新冠肺炎患者，为打赢湖北保卫战、武汉保卫战作出重大贡献。荣获“全国卫生健康系统新冠肺炎疫情防控工作先进个人”称号。

★陈　薇★

陈薇，女，汉族，中共党员，1966年2月生，浙江兰溪人，中国工程院院士，中国人民解放军军事科学院军事医学研究院生物工程研究所所长、研究员，中国科学技术协会副主席，第十二届全国人大代表，政协第十三届全国委员会委员。她长期致力于生物危害防控研究，研制出我军首个SARS预防生物新药“重组人干扰素ω”、全球首个获批新药证书的埃博拉疫苗。新冠肺炎疫情发生后，她闻令即动，紧急奔赴武汉执行科研攻关和防控指导任务，在基础研究、疫苗、防护药物研发方面取得重大成果，为疫情防控作出重大贡献。荣获“全军防治非典先进个人”“全国十大杰出青年”等称号。

萨利姆·艾哈迈德·萨利姆 ▼

坦桑尼亚前总理、前外长，坦中友协会长

此次被中国授予“友谊勋章”，是意外之喜，更是极高的荣誉。中国和坦桑尼亚之间的特殊友谊历经岁月考验，牢不可破。过去几十年间，世界发生了巨大变化，但我始终都记得1971年，第26届联合国大会宣布恢复中华人民共和国在联合国合法席位的那一天。不论是对我而言，还是对坦桑尼亚乃至全非洲为恢复中国在联合国合法席位付出巨大努力的国家而言，那都是历史性的伟大时刻。

玛哈扎克里·诗琳通 ▼

泰国长公主

十分高兴中国政府一直记得我这个老朋友，并给予我这么高的荣誉。我也在思考如何调整在泰国的工作，为促进两国友谊作出更大贡献。我现在已经有了思路，知道如何去做了。总之，我非常高兴和激动，对我来说，获得中国“友谊勋章”是崇高的荣誉，是人生中非常宝贵的经历。

让-皮埃尔·拉法兰 ▼

法国前总理

此次被授予“友谊勋章”，我非常激动也深受感动……近五十年来，我一直致力于促进法中两国人民之间的友谊，非常高兴自己的工作得到了中方的认可……面对各种挑战，当今世界要实现平衡就离不开坚实的欧中友谊，为欧中友谊而努力就是为世界和平而努力。在这50年里，我至少来过中国100次。我与中国的关系由此可以得到见证。

加林娜·维尼阿米诺夫娜·库利科娃 ▼

俄中友协第一副主席

对我来说，获得中国“友谊勋章”是无上荣誉，更是重大责任。这份荣誉属于我个人，更属于和我并肩协作、为俄中友谊作出贡献的成千上万的人们。

莫尼列 ▼

柬埔寨太后

习近平主席亲自为我颁授中华人民共和国“友谊勋章”，这充分体现了伟大的中国和中国人民对我本人以及柬埔寨人民的友好感情和兄弟情谊，我感到万分高兴，表示最衷心的感谢。西哈努克太皇同中国老一辈领导人共同缔结并精心培育了柬中传统友谊，我们将永远铭记。长期以来，中国坚定支持柬埔寨的正义事业，支持柬埔寨维护国家主权独立、领土完整、国家和平、民族团结以及各项事业发展。我谨向伟大的中国共产党、中国政府和中国人民表示最诚挚的谢意。柬埔寨人民将同兄弟的中国人民一道，巩固传统友谊，加强团结合作，推动柬中关系不断向前发展。祝愿中国共产党和中国人民在习近平主席领导下不断取得新的更大成就。祝愿柬中友谊万古长青。

后记

勋章，是党、国家和军队功勋荣誉表彰体系的最高荣誉，是勋章获得者的至高荣光，也是人们向往和敬仰的辉煌。

我在中国人民革命军事博物馆工作20多年，馆里收藏有大量的中外勋章。在举办展览的过程中，把这些勋章陈列好、解读好，需要对其深入研究。

经过多方面的研究，我撰写了《红旗勋章：我党我军历史上的第一枚勋章》，对1931年11月中华苏维埃第一次全国代表大会颁发的红旗勋章的历史背景、授勋情况和获得者事迹，勋章元素、内涵等内容进行探讨，可以说这是国内第一篇探讨和研究红旗勋章的文章。

1988年经全国人大常委会批准，中央军委为表彰军队离休干部的历史功勋，颁发了一、二级红星功勋荣誉章和独立功勋荣誉章、胜利功勋荣誉章。为了反映这些功勋荣誉章获得者的历史功绩，在广泛调查研究和考证的基础上，我主编了《中国人民解放军荣获一级红星功勋荣誉章人物志》，介绍了800多名一级红星功勋荣誉章获得者的事迹，出版后受到许多军队离休干部和有关方面的肯定。

为了迎接建军80周年，2006年解放军出版社约我写一本关于中国人民解放军勋章、奖章、纪念章等军事证章历史方面的书。为了全面系统地反映中国人民解放军80年军事证章的历史，我开始广泛搜集资料，多方查阅历史文献、档案和回忆录等，对各个历史时期的军事证章的历史背景、授予条件、颁发情况、获得者事迹和军事证章的质地、图案内涵、制颁时间等情况进行了全面考证。《军事证章史话》经过反复修改、完善，作为建军80周年献礼书，由解放军出版社出版。

在新时代，党、国家和军队建立了功勋荣誉表彰体系，设立了各种勋章。我有幸参加了共和国勋章、七一勋章、八一勋章和友谊勋章的内容和形式设计论证会。我还两次参加正在筹备的国家功勋荣誉馆陈列方案的评审会，对展览大纲进行评审。这些都为我提供了学习党、国家和军队功勋荣誉表彰体系的宝贵机会，也加深了我对党、国家和军队勋章内涵的理解。

这次湖南人民出版社约我写一本有关勋章的书，我觉得有必要把多年来对党、国家和军队勋章历史的探讨和研究梳理一下，贡献给广大读者。

本书收录有关勋章的图片，大都是中国人民革命军事博物馆收藏和展出的图片，还有些是勋章设计者提供和推荐的，在此一并表示感谢。关于新时代勋章获得者的事迹，大都是根据新华社编发的通稿编写，受勋者故事也是根据中央媒体有关报道编写。由于本人学识和掌握的资料有限，欢迎有关专家学者和广大读者指正。

姜廷玉

2022年7月